轻与重

FESTINA LENTE

姜丹丹 何乏笔（Fabian Heubel） 主编

列维纳斯
与神圣性的对话

[法] 单士宏 著　姜丹丹 赵鸣 张引弘 译

Michaël de Saint-Cheron
Entretiens avec Emmanuel Levinas
1983—1994

华东师范大学出版社

华东师范大学出版社六点分社　策划

主　编　的　话

1

时下距京师同文馆设立推动西学东渐之兴起已有一百五十载。百余年来，尤其是近三十年，西学移译林林总总，汗牛充栋，累积了一代又一代中国学人从西方寻找出路的理想，以至当下中国人提出问题、关注问题、思考问题的进路和理路深受各种各样的西学所规定，而由此引发的新问题也往往被归咎于西方的影响。处在21世纪中西文化交流的新情境里，如何在译介西学时作出新的选择，又如何以新的思想姿态回应，成为我们必须重新思考的一个严峻问题。

2

　　自晚清以来，中国一代又一代知识分子一直面临着现代性的冲击所带来的种种尖锐的提问：传统是否构成现代化进程的障碍？在中西古今的碰撞与磨合中，重构中华文化的身份与主体性如何得以实现？"五四"新文化运动带来的"中西、古今"的对立倾向能否彻底扭转？在历经沧桑之后，当下的中国经济崛起，如何重新激发中华文化生生不息的活力？在对现代性的批判与反思中，当代西方文明形态的理想模式一再经历祛魅，西方对中国的意义已然发生结构性的改变。但问题是：以何种态度应答这一改变？

　　中华文化的复兴，召唤对新时代所提出的精神挑战的深刻自觉，与此同时，也需要在更广阔、更细致的层面上展开文化的互动，在更深入、更充盈的跨文化思考中重建经典，既包括对古典的历史文化资源的梳理与考察，也包含对已成为古典的"现代经典"的体认与奠定。

面对种种历史危机与社会转型，欧洲学人选择一次又一次地重新解读欧洲的经典，既谦卑地尊重历史文化的真理内涵，又有抱负地重新连结文明的精神巨链，从当代问题出发，进行批判性重建。这种重新出发和叩问的勇气，值得借鉴。

3

一只螃蟹，一只蝴蝶，铸型了古罗马皇帝奥古斯都的一枚金币图案，象征一个明君应具备的双重品质，演绎了奥古斯都的座右铭："FESTINA LENTE"（慢慢地，快进）。我们化用为"轻与重"文丛的图标，旨在传递这种悠远的隐喻：轻与重，或曰：快与慢。

轻，则快，隐喻思想灵动自由；重，则慢，象征诗意栖息大地。蝴蝶之轻灵，宛如对思想芬芳的追逐，朝圣"空气的神灵"；螃蟹之沉稳，恰似对文化土壤的立足，依托"土地的重量"。

在文艺复兴时期的人文主义那里，这种悖论演绎出一种智慧：审慎的精神与平衡的探求。思想的表达和传播，快者，易乱；慢者，易坠。故既要审慎，又求平衡。在此，可这样领会：该快时当快，坚守一种持续不断的开拓与创造；该慢时宜慢，保有一份不可或缺的耐心沉潜与深耕。用不逃避重负的态度面向传统耕耘与劳作，期待思想的轻盈转化与超越。

4

"轻与重"文丛，特别注重选择在欧洲（德法尤甚）与主流思想形态相平行的一种称作 essai（随笔）的文本。Essai 的词源有"平衡"（exagium）的涵义，也与考量、检验（examen）的精细联结在一起，且隐含"尝试"的意味。

这种文本孕育出的思想表达形态，承袭了从蒙田、帕斯卡尔到卢梭、尼采的传统，在 20 世纪，经过从本雅明到阿多诺，从柏格森到萨特、罗兰·巴特、福柯等诸位思想大师的传承，发展为一种富有活力的知性实践，形成一种求索和传达真理的风格。Essai，远不只是一种书写的风格，也成为一种思考与存在的方式。既体现思索个体的主体性与节奏，又承载历史文化的积淀与转化，融思辨与感触、考证与诠释为一炉。

选择这样的文本，意在不渲染一种思潮、不言说一套学说或理论，而是传达西方学人如何在错综复杂的问题场域提问和解析，进而透彻理解西方学人对自身历史文化的自觉，对自身文明既自信又质疑、既肯定又批判的根本所在，而这恰恰是汉语学界还需要深思的。

提供这样的思想文化资源，旨在分享西方学者深入认知与解读欧洲经典的各种方式与问题意识，引领中国读者进一步思索传统与现代、古典文化与当代处境的复杂关系，进而为汉语学界重返中国经典研究、回应西方的经典重建做好更坚实的准备，为文化之间的平等对话创造可能性的条件。

是为序。

姜丹丹（Dandan Jiang）

何乏笔（Fabian Heubel）

2012 年 7 月

目　录

中文版序 / 1

再版说明 / 1

I　引言　聆听列维纳斯二十年 / 1

II　对话伊曼努尔·列维纳斯 1983—1994

　　一种神圣性的哲学 / 15

　1　首次会面(1983 年 5 月 9 日) / 17

　2　列维纳斯:在哲学与犹太思想之间

　　　对话录(1992—1994) / 21

III　从面容现象学到一种断裂的哲学 / 49

　1　从面容的神显到神圣性的概念 / 51

1

2 萨特与列维纳斯:何种对话? / 65

3 死亡与他者或与马尔罗的对话 / 86

4 列维纳斯,在思考之外:一种断裂的哲学 / 112

5 对话德里达 / 119

6 奥斯维辛之后上帝的疑问 / 134

Ⅳ 列维纳斯的教诲:《塔木德》的宽恕与不可饶恕 / 143

1 赎罪日,行宽恕之日 / 145

2 人触犯邻人的过错 / 164

3 犹太大屠杀与不可宽恕者 / 179

附录 1   犹太人与欧洲文化(赵 鸣 译) / 194

附录 2   卢梭、卡夫卡、列维纳斯与羞耻观(龙 云 译) / 203

中文版序

2005 年,我有幸参加在北京大学举办的"马尔罗与中国"研讨会,那是我第一次到中国访问。2012 年,在北京的法国文化中心举办了一次关于卢梭与列维纳斯的对谈会,那也是一次重要的机会,让我有机会深入讨论卢梭与列维纳斯作品里的"羞耻"(honte)主题。

在 18 世纪欧洲一些重要的启蒙思想运动中,让-雅克·卢梭(Jean-Jacques Rousseau),《忏悔录》的作者,可谓其中一个最理解犹太人命运的思想家。三个世纪前,他设想过有一天,犹太人可以有他们的国家与大学。而列维纳斯作为 1928 年从立陶宛移民到法国的犹太裔哲学家,他应当会钦佩卢梭当年明智的见识。

这部关于列维纳斯思想的中文版译著,收录了我与哲学家列维纳斯本人的对话录以及围绕他的思想与其他思想家对话的随笔,并把我在中国做过的两次相关讲座作为附录附在书后。它延续了耶路撒冷与希腊之间的思想对话,并使中国成为这种千年对话里的显要地点之一。中国古典思想成为这种对话里的第三个合作方,它接纳,也用它的方式提问。

但是,列维纳斯究竟可以为中国的学界带来什么?提出这个问题,是否适宜呢?对于列维纳斯而言,我们也可以说,他代表的既是西方的哲学,但也是属于犹太、希伯来的思想,总体而言,他是20世纪最独特的代表性思想家之一。

道家的思想里承载了一种看似柔弱然则强大的同情感,在老子的思想所颂扬的"三宝"中,"慈"的理念是首要的。《道德经》(第67章)里写道:"今舍其慈,且勇;舍其俭,且广;舍其后,且先,死矣。夫慈,以战则胜,以守则固。天将救之,以慈卫之。"

法国哲学家列维纳斯将伦理学命名为"首要的哲学",并将同情放置在人类财富的首位。对于列维纳斯而言,事情是清楚的,伦理学朝向同情敞开。"唯一绝对的价值,是在自身之上为他者赋予一种优先性的人类的可能性。我不相信,有一种人性可以拒绝这种理想,我们应当宣告这是神圣性的理想。"(《我们之间》)

著作可以翻译成老子、孔子、孟子、王夫之等思想家的母语(即使现代汉语相比古代汉语发生了很大的演变),是许多欧洲乃至西方作者的梦想。如今,《列维纳斯:与神圣性的对话》被翻译成中文出版,我深感荣幸。在这里,我要向姜丹丹教授表示我的感激之情,感谢她对我的支持以及她对于推动和实现本书在中国出版的执着坚持,感谢与她合作翻译本书的学者赵鸣女士、张引弘女士。借此机会,我也要特别向罗国祥教授表达我的友谊,应罗教授的邀请,我曾在 2008 年于武汉大学开设有关犹太文化与欧洲的研究生课程。此外,我也要感谢为我在法国文化中心的讲座做翻译的北京外交学院的龙云教授,感谢他同意把讲座内容的翻译稿收录在本书的中文版里。

单士宏(Michaël de Saint-Cheron)

再版说明

　　在本书于 2008 年秋天翻译成波兰语之后,这个新的版本问世。借此机会,波兰科学院在巴黎的负责人杰尔兹·皮拉斯泽克(Jerzy Pielaszek)先生邀请我做一次讲座,介绍我近年来从事的关于列维纳斯在五十年的哲学书写与思辨中所引发的知识论、现象学的断裂。因而,我提交了一篇研究论文,题为:"思考之外:断裂与解构的哲学"。我特别感谢他给予我这个机会,也要感谢让-保罗·恩托文(Jean-Paul Enthoven),是他让这本书的再版成为可能,也不能忘记克莱尔·德塞瑞(Claire Desserrey)在再版工作中付出的耐心以及每时每刻的照应。

　　在为本书再版而努力时,我与哲学家列维纳斯所做的 1983 年的第一次对谈笔记在我面前重新涌现,让我感到必须将其置于这些汇集到一起的对话的首要位置。

我热忱地感谢我的波兰译者卡罗丽娜·西蒙(Karolina Simon)女士。她提出的问题以及所做的思考帮助我深化了文本的写作。

我也感谢盖瑞·摩尔(Gary G. D. Mole),我的(美国)英语译者,谢谢他的所有评语,他关于《塔木德》的精深研究以及合理明智的建议。此外,我也要感谢朱利安·罗伊特曼(Julien Roitman),谢谢他帮我找到了列维纳斯在我们的对话里曾引用的与拉比阿基巴(Rabbi Akiba)有关的《塔木德》引言。

我还要向最近去世的芭芭拉·斯卡加(Barbara Skarga)教授表示哀悼和敬意,她曾坚持不懈地帮助我在波兰找到了一家出版社来出版这本书的波兰语译本,她是研究法国当代哲学的杰出专家,尤其是关于列维纳斯的专家。最后,我要向玛泽纳·斯塔斯基维兹(Marzena Stasikiewicz)表示我深深的感激,正是她介绍我认识了斯卡加教授,也是这本书的波兰历险的缘起……

Ⅰ
引言
聆听列维纳斯二十年

约三十年以来,对我和我身边的人来说,伊曼努尔·列维纳斯的话语都是至关重要的。自 1983 年起,每周六的早上,在安息日的礼拜仪式后,我都到米开朗琪罗街的巴黎犹太教师师范学校(École normale israélite orientale de Paris,缩写 E. N. I. O)听他讲课,他在那里当了多年校长之后,才较晚地开始了在大学的职业生涯。我一直坚持听他授课,直到 1993 年入夏之前他的最后一堂课。那堂课是评述在每周安息日时阅读的《托拉》(Torah)①里的圣句,他借用《塔木德》(Talmud)中的一页话丰富了其内涵。

---

① 为了使用"Torah"(托拉)一词最常用的法文音译方式,我们对列维纳斯使用的写法(Thora)做了改动。

与列维纳斯作品的这种难以忘怀的接近,是我最主要的两三次知性的相遇。他带给我一种全新的思考哲学的方法,他教会我哲学关心的不是先于一切的存在,不是基本的本体论,而是别的东西,与此同时,在我初步涉足犹太教义、在我学习希伯来语的《圣经》——《托拉》、在我发现被他称作海洋的《塔木德》时,他还带给我一种绝对"非教条化的"教育。从这位大师那里,我收集一滴又一滴海水,我对他满怀感激。

列维纳斯通过他的研究不断回应有关欧洲思想与哲学被纳粹的思想形态击败、纳粹对欧洲犹太人的摧毁等严重问题。海德格尔之所以宣布从亚里士多德到胡塞尔的玄学传统就此终结,是为了更好地指责它为了宇宙起源、认知原则和上帝的生存——或是上帝被宣布死亡——而"忽视了存在"。

从康德到海德格尔的玄学终结的真正意义,难道在于它证明了超越直接经验的思考无法再了解物质的存在,或是无法了解生命世界的永恒性,无法了解神秘的或神圣的、隐藏在直接经验的延续之中且玄学的抽象思辨想要发现的原则的永恒性?仅仅揭示作为玄学(métaphysique)的 méta(超越)本身的超越性(transcendance)没有意义,这就够了吗?如果它的相异性和它的彼世不是目光所能揭示的简单的隐秘,而是依据完全不同于神秘哲学的一种思想情节产生的心智的非冷漠呢![1]

在列维纳斯看来,意义的问题从属于他者(autre)的问题、对我的邻人"非冷漠"(non-in-différence)的问题。正因此,玄学不再是超越物质的东西,而是存在之后的东西,因为它是一个"自我"(Soi)、一个"我"(Je),换句话说:他人(au-trui)。不再是*此在*(*Dasein*)至上,不再是生存的努力(*conatus essendi*)中的活在世上至上,也不是存在中的坚韧不拔至上,而是为了他者的存在至上,是关心(*Für-sorge*)他者、为了他者时所展现的存在至上。

从 1982 年起,这位哲学家与我进行了数次对话,由此诞生了四篇论文,将对话的内容加以延伸,那时他还未开始根据自己的作品研究《塔木德》中的宽恕。这是一位难以归类的思想家,他既严格又宽容,在连续二三十年时间里,人们都理所应当地忽略了他,而透过这些对话和论文,他的思想慢慢地展现在我们的面前。

---

[1] 列维纳斯,《超越性与理智性》(*Transcendance et intelligibilité*),拉波尔和费德出版社,1984 年,第 18—19 页。

列维纳斯是如何从作为"第一哲学"的伦理学过渡到神圣性，这个令人恐惧且让我重新审视的词语？这指的是一种外在于一切宗教概念、一切"启示的"超越性概念的神圣性，因为它就是它自身的超越性。而另一方面，又是如何从这"来到观念中的上帝"通过邻人的面容最终定义了一种非宗教的超越性？这些正是本书尝试回答的问题，一方面通过我与这位哲学家的对话，另一方面通过想象中或现实中的列维纳斯与萨特和马尔罗的作品还有康德、海德格尔、德里达或尼采的作品的对话。另外，本书中还有一段较长的文字，根据犹太法学博士注解《圣经》和《塔木德》经的传统来探讨犹太意识中的宽恕。

在当代哲学家中，伊曼努尔·列维纳斯的研究始终位于那些重要流派的边缘：存在主义、解构主义、马克思主义、结构主义、人类学、政治理论。与阿多诺(Adorno)、哈贝马斯(Haberamaas)甚至汉娜·阿伦特(Hannah Arendt)相比——他常被这些思想家忽视——也是如此，还有与从福柯到德勒兹(Deleuze)的那些法国哲学家相比，列维纳斯都是边缘的，更不用说相较于罗尔斯(Rawls)那样的美国哲学家。梅洛-庞蒂(Merleau-Ponty)、利科、德里达——1995年12月一个寒冷的清晨，在庞坦(Pantin)公墓里，德里达面对列维纳斯的坟墓宣读了深情的文字《永别》(Adieu)——和萨特,还有利奥塔(Lyotard)以及如今这一代的芬基尔克罗(Finkielkraut)和让-吕克·马里翁(Jean-Luc Marion),他们可能会关注这位非典型但却是当代哲学中心的哲学家。但是是否有什么德国人会关注他呢?或者盎格鲁-撒克逊人?

在我与保罗·利科的一次对话中,他向我展示了他与列维纳斯的思想的相似与分歧之处。在他的《作为一个他者的自身》(*Soi-même comme un autre*)中,保罗·利科建立了一个新的伦理学,为此,他叠加了

胡塞尔的思想脉络与列维纳斯的思想脉络、与认为问题在于相互性(réciprocité)问题的信仰,我认为这一信仰就是在说,不应该由个人或是他者全权负责。而且,您会注意到,为此,我重新赋予了我从黑格尔那里发现的一个概念以力量,我所说的是耶拿(Iéna)哲学的黑格尔,是承认(reconnaissance)和相互承认的观念,其本质是我认为非常重要的承认之中的相互关系(mutualité)。可能必要从两种不对称性出发来说明:认知意义上的"我—你"(moi-tu)的不对称和伦理概念里的"你—我"(tu-moi)的不对称,可以说,通过这种交叉的不对称性,能够

理解相互关系与相互性。我认为,通过这样还能够让相互关系这一概念从它的平庸中摆脱出来,变得从某种意义上来说更加戏剧性、更加可疑,用力攻克它,而不是将它当作日常经验中绝对的事实,因为在日常经验中,很少会注意到当人们交换姓名的时候就已经存在的那个悖论。[①]

利科认为,没有唯一意义的伦理学,并且不太有可能会有人自认为完全是他人的人质而没有任何相互性。在我开始与他者建立关系的那一刻起,就有了写作《时间与叙事》(*Temps et récit*)的哲学家极力推崇的这种双重的不对称性。但确实存在一个难以消除的事实,就像保罗·利科对我说的那样,就是列维纳斯的哲学是"一种过度的、夸张的哲学"。

列维纳斯称这种过度为"爱",称这种夸张为"神圣性"。这种直到"为他人而死"的爱一直萦绕在列维纳斯的思想中,好像是在纠缠,他也恰如其分地指责海德格尔没有赋予"为他人而死"以让他人摆脱死亡的能力。[②] 有些阅读列维纳斯的

① 与保罗·利科的谈话,日内瓦,《新教研究中心通报》(*Bulletin du Centre protestant d'études*),第 7 期,1991 年 11 月,第 22 页。
② 《我们之间:论对他者的思想》(*Entre Nous: Essais sur le penser-à-l'autre*),格拉塞出版社,1991,口袋书出版社,Biblio essais 丛书,1993 年。

犹太读者认为,他通过关于牺牲之责任的哲学概念和理论概念——但他不做理论! ——让传统的犹太教义严重基督教化。在我们刚刚建立友谊的时候,有一天,我给他写信,问他这种对他人的慈悲——希伯来语为 Ra'hamim,可以被理解成"为……而死"——有着怎样的犹太《圣经》的起源。他用几行精彩的文字回应道:

> 确实,爱应该比死更有力——而且没有比让一个人为另一个人而死的爱更有力的爱,我可以从以斯帖女王准备为其他生命牺牲的教诲中学到它(《以斯帖记》4,16)(如果我不满足于《雅歌》8,6 中所写的爱仅仅与死一样有力、并不比死更有力的真理的话!)——但我还没有据此克服这两个伟大精神之间的差别,也不能决定哪一个是第一位的,哪一个是第二位的。①

不过,我要强调一下,在与基督教的对话之中,列维纳斯始终保持谨慎,他不接受这些论说,这些论说是在与犹太人对话的表象下,企图诱惑犹太人,为他们披上隐形的基督教化哲学——正相反,这并不妨碍他成为不加修饰的犹太—基督对

---

① 1983 年 9 月 6 日写给作者的信。

9

话的狂热支持者。

同样是在 1983 年，我给列维纳斯寄去了奥利维尔·克莱芒(Olivier Clément)的两篇文章，之后他给我写信，其中的几句话有力地反映了他的立场：

> 尽管如此，仍然需要伦理精神，虽然这会有一种基督教化的、毫无察觉的、奇迹的甚至神奇的重新平衡的危险；而危险是精神的永恒惊喜；只有在自己跌落的时候试图寻找和抓住什么的努力才是真正的精神；这也是它的积极性所在；只要不是单纯的说教式的雄辩，它就是不断地恢复镇静，并且在这样的精神练习中，必须留时间让自身得到恢复。几个世纪以来，并且还将继续下去，基督教本身也赞同这一点。但奥利维尔·克莱芒所说的很多点都深深地打动了我，并且我不认为这仅仅出于我们之间的同感。①

这些信证明了列维纳斯，这位思想者、对话者的永恒高度，他敢于为先知的话语打开哲学的视野，就像奥古斯丁(Augustin)和托马斯·阿奎那(Thomas d'Aquin)在有关理性

---

① 1983 年 7 月 22 日写给作者的信。

和信仰的伟大争论中将基督教的话语引入到柏拉图的话语，尤其是亚里士多德的话语之上那样，柏拉图和亚里士多德被说成是预言的巨人，尽管他们是经院式的哲学。那些猛烈抨击列维纳斯思想的人指责他没能或是不足以被奉为圣贤，指责他傲慢地赋予比西方哲学之父们早了几个世纪的以色列先知以公民权，那些以色列的先知3000年来一直在发出一种可与哲学思辨相抗衡的有关公正和超越的话语——哪怕是希腊的哲学思辨？

我只能以戴高乐将军——这位哲学家非常崇拜戴高乐将军——的话作为总结，这段话是他在1958年阅读了《神的化身》(*La Métamorphose des dieux*)之后写给安德烈·马尔罗的：

> 感谢您让我看到了——或者说让我以为看到了——一些我到死可能都不会明白的事情，而这正是所有东西中最值得担忧的。[1]

列维纳斯不只是哲学家，他还是一种意识，而他的话语深深地浸润着精神的和西方哲学的价值与传统，让他超越了存在与虚无的概念，超越了时间与死亡的概念，甚至超越了超越

---

[1] 全部引自赫尔内备忘录《安德烈·马尔罗》，1982年，第213页。

性和玄学的概念,让他怀着证实人的生命的问题。他让我们承认"观念中的上帝",甚至出现在不可知论和无神论中。他,这位来自立陶宛、从青年时代起就沉浸在陀思妥耶夫斯基和托尔斯泰伟大小说中的虔诚的犹太人,将会重新教导我们认识在一切真实的精神性中第二性的重要。他毫无畏惧地在某个安息日上、在巴黎犹太教师师范学校教堂里、在神圣的《托拉》门柱经卷面前,宣布天堂是空的,而一个生命对另一个生命的悲悯中充满了上帝。他补充道,上帝不在天上,而在人为了他人的牺牲和对他人的责任之中。

作为奥斯维辛之后的犹太人,他意识到在 600 万兄弟姐妹之后幸存下来的人有着无法让与的责任。他对有关人与上帝的关系,尤其是幸存之人与上帝的关系的无休止的玄学问题有了一种范式的范畴。他认为,奥斯维辛之后,再不可能有什么说教,同时他对任何把"神显就是对他人的爱"这一事实当作"上帝存在的新的证据"的人做出了庄重的提醒。①

本质上,他的伦理学是一种时间性的伦理学,这一点接近

---

① 《观念中的上帝》(*De Dieu qui vient à l'idée*),弗兰出版社,"哲学文丛",1992 年,第 252 页。

柏格森。他让我们理解了必须"从时间思考死亡,而不是从死亡思考时间"①这一至关重要的思想。

因此,我们从这一承载了未来、承载了生命,尤其承载了如此罕见的哲学维度、常常不被理解甚至被变形的哲学话语中理解到了爱,但是是帕斯卡尔珍视的"没有贪欲的爱",一种灵魂之爱,被称为超验的相通。这是无与伦比的普遍而乌托邦式的话语——超越了所有对他人的恨,超越了所有狂热、所有人性疯狂的危机——就这样的话语而言,"唯一绝对的价值就是人赋予他者优先于自我的可能"②,列维纳斯在《我们之间》(Entre nous)中这样写道,他本想给这部作品起名《我之后》(Après moi)……

在他之后开启的这个世纪,在这个非人道还存在的时代,在这个"生命的野蛮"③时代,他愿意相信人类选择神圣性的可能不会衰减,这一疯狂的幻想证明了他对人"始终为人"的能力怀着的巨大希望。

---

① 《上帝、死亡和时间》(Dieu, la Mort et le Temps),格拉塞出版社,1993年,第120页。

② 《我们之间:论对他者的思想》,前揭,第121页。

③ 同上,第208页。

II

对话伊曼努尔·列维纳斯

1983—1994

一种神圣性的哲学

1

首次会面

（1983 年 5 月 9 日）

单士宏：两千年以来，直到近年来，教会乃至整个基督教都在教导人们：在耶稣基督之后，犹太教与犹太教堂就再没有什么新东西可以教给人们了。我们整个 20 世纪的历史，不正是以一种无法形容的悲剧形式和知识、哲学、精神乃至政治的复兴证明了事实刚好相反吗？

列维纳斯：但我们已经可以说，伴随着相关研究的展开和评论的出现，人们也在不断赋予《托拉》以新的解读。就像希伯来语中所讲的崭新的诠释（*hidoush*）。您的提问正是古老的犹太—基督教之争，根据这种讨论，犹太教徒在耶稣基督诞生之前就已停步不前。您带给我一篇有关我作品的文章，为此，我要感谢您，令我印象深刻的是在这篇文章中伟大的德国神学家汉斯·乌尔斯·冯·巴尔塔萨（Hans Urs von Baltha-

17

zar)的一句话,他认为唯一有资格与基督教徒对话的是"后基督犹太教"(judaïsme post-chrétien),他将之形容为"唯一真正值得重视的伙伴"。文中也引用了一位西班牙神学家的观点①,他也曾写过一本关于我近期著作的书,在书中他用了"谐振"(syntonie)一词。该词的使用正是在强调犹太教徒和基督教徒发出过同样的声音。在我们看来,这一观点也是在表明犹太教徒拥有的并不比基督教徒少,只是我们以另一种方式看待启示。

单士宏: 在此,我要为您重读您的著作《难以达到的自由》(*Difficile liberté*)中的一段话,涉及斯坦尼斯拉(Stanislas Fumet)的一篇文章,他将这篇文章献给梅纳斯神父(*Père de Menasce*)的《当以色列热爱上帝》(*Quand Israël aime Dieu*)。您这样写道:"诚然,我们不能要求天主教徒'放弃天主教'。但是如果连生命的最高形式都无法为人们确保一种真正的同时代性,那将是对人的绝望。手足关系存在的可能,或者更准确的说是同时关系——不是'落后的'、'原始的'——存在的可

---

① Ulp Vasquez Moro, *El discorso sobre Dios en la obra de E. Levinas*, coll. Publicaciones de la Universidad Pontificia Comillas, Estudios 23, Madrid, 1982. 这位神学家作者将列维纳斯的作品作为适用于"后基督犹太教"的基础神学进行分析。

能或许就是对精神的精神性的决定性考验。"①

列维纳斯：我并不否认这篇文章，但是，今天在这里，我不想使用"同时的"（sychrone）这个词。同时意味着不会落后。它不仅拒绝过去，而且否定未来。正是因为如此，我在我们的对话中会尽可能少地使用它。

单士宏：最近，我发现马丁·布伯（Martin Buber）在他的《自传片段》②（*Fragments autobiographiques*）中提到了扫罗（Saül）曾因放了亚甲（Agag）一条生路而遭到撒母耳（Samuel）和上帝（Ha Kadosh Boroukh Hou, le Saint béni soit-il）③斥责的插曲。布伯直截了当地反对撒母耳："撒母耳没有理解上帝。""我不可能信奉一个因为扫罗没有杀死敌人就惩罚他的上帝。"这是一个严重的问题，并且以绝对严肃和戏剧的方式提出。在您看来，伦理会允许我们认为《圣经》中的人物没有理解神谕吗？比如约书亚、撒母耳、大卫甚或以利亚。

列维纳斯：首先，我不相信有人可以像撒母耳那样面对

---

① 《难以达到的自由》（*Difficile liberté*），口袋书出版社，Biblio essais 丛书，1990年，第186页。

② 斯托克出版社，1984年，第99—102页。

③ 在犹太教中对上帝有很多不同的名讳，Ha Kadosh Boroukh Hou, le Saint béni soit-Il 是其中之一。——译注

面轻易地杀死一个人。《圣经》确实记载了一些令我们惊讶的事情,我认为不应该从这些事件出发去解读它。但即使面对这些文字,也要聆听它所讲述的内容。亚甲继续他的行为,他以为死亡的冷酷和痛苦都已离他远去。撒母耳杀了他,但在这之前,他对他说:"你既用刀使妇人丧子,这样,你母亲在妇人中也必丧子"(《撒母耳记上》15,32—33)。这样,你的母亲将没有儿子。希伯来语中有一个词,法语里没有,'harèv——痛心的、崩溃的——专门用来形容那些孩子被杀的母亲。

所以,我认为应该用不同于布伯的方式解读这段文字。布伯想要比撒母耳更加仁慈。

单士宏:在您看来,富有政治色彩的犹太复国主义是否存在着一种危险,会让国家凌驾于《托拉》的普遍价值?

列维纳斯:排犹主义比犹太复国主义更危险(笑)。但它也有可能走向歧途,谁能否认呢?

单士宏:不知能否问一个有些私人的问题,您如何理解您与上帝的联系?

列维纳斯:您听我说!上帝并不生活在天上。而是在人们为彼此所做的牺牲、对彼此的怜悯之中。天堂是空的,但在人的怜悯中充满上帝。

2

列维纳斯:在哲学与犹太思想之间
对话录(1992—1994)

单士宏：在我们所身处的全球发生巨变的时代,您如何定义一个哲学家的责任呢?

列维纳斯：这是一个难以回答的问题,因为这意味着所有人并不承担同样的责任。我丝毫不认为一个哲学家可以不言说真理。但如果言辞非常美,或许有时需要想到真理可能承载的所有恶。

单士宏：您曾写道,伦理学不是哲学的一个分支,而是第一哲学。在引用这句话时,有些哲学家会反驳说,您面对自我的"无私"(dés-intér-essement)以及给他者的利益,只是对自我的另一种关注,或者可以说是崇高化的自私主义。您如何回应这样的批评?

列维纳斯：这嵌写在宗教的历史中。神圣性，正是我提到的责任。之所以我们没能走到底，之所以我们建构了国家政体，之所以有一种伦理限制这种牺牲，这也许是由于我们不忠实于人的道德处境。不是因为我们做不到倾听自身，而是因为牺牲总是不完整的。在神圣性的概念里，也许该有一个位置留给政治的概念。政治源自人性的事实，源自于神圣性不能在内在性中完成却是要在多样性中实施的事实。

因此，面向他者的"无私"，也有可能对第三方造成不利。所以，所谓纯粹的神圣性只可能在只有两个人的人性处境中成为可能。只要开始有第三方存在，就产生了国家，因为国家不是对道德的纯粹否定。比如在欧洲国家的法律中，有对于公共道德的关照。面向他者的仁慈与尊重，并不能排除正义的问题。

单士宏："神圣性"，您如何定义这个概念呢？

列维纳斯：善与恶共生。我来解释一下：接受神圣性，当然是实现某种积极性的行为，但从另一方面来看，这种积极性归根结底是虚无的，因为它丝毫不能带来一点赢利。

单士宏：那么难道会是一种损失吗？

列维纳斯：会的。但这很危险，因为您一旦谈到损失，就意味着说这是空无的。但对我来说，这是唯一可能仍然是善的境况，而这已经是绝望，是虚无。言说这一点是困难的。终极的神圣性旨在接受正义或者毫无抵抗的死亡，接受这种虚无，但最终还是有这种善的投影，价值的投影。神圣性并不属于道德事物的范畴。为什么在我们犹太教的礼拜仪式中，要说三次"Kadosh"（神圣）呢？因为，如果第一次"神圣"成空，还有第二次，如果第二次成空，还有第三次。但这丝毫不等于说有三大神圣性，只有一种神圣性，但需要强调在这种神圣性被拒绝的同时，它也在增长。

单士宏： 当发生图维埃案（Touvier）时，您怎样裁判法国教会的行为呢？因为教会与该事件直接相关，即使有许多宗教人士把这一点遮蔽起来。

列维纳斯： 我所知道的，我能告诉你的，在于有一些大主教好比是上帝的孩子，比如德库雷（Decourtray）大主教。这证实了我对他满怀的崇敬之情。

单士宏： 但我们还是不能忘记一些天主教人士的同谋，他们试图保护一些罪人……

列维纳斯： 但这不会动摇我对犹太教的信仰。无论如何，我还是崇敬教会，这也意味着：我崇敬德库雷大主教。

单士宏：我想问一下您对 20 世纪末的几个大问题的看法。一些出色的自然科学家希望说服政治首脑，如果没有科学家，他们完全不能驱除威胁人类的危险。您怎么看待呢？

列维纳斯：确实如此。在我看来，最危险的，倒并不是原子弹被他人控制，而是这样的科学家移民异国，人们称之为头脑的流失。有些国家像伊拉克或利比亚雇佣这些学者去建造原子弹。明天，这些国家会有原子弹，就像有手枪一样。

单士宏：九十年代初发生的大波动是苏联政体的颠覆。您本人 1905 年出生在立陶宛，您也曾亲眼见证 1917 年的十月革命。您对这个历史事件如何分析？

列维纳斯：苏联的解体是一桩惨剧，代表苏俄共产主义时代的终结，这是失去方向的时代的诱惑。我们一向习惯于认为时间会走向某个方向，或者等待弥赛亚，或者等待基督的返归，或者我们走向一个公正的社会，或者公正的社会走向历史的终结。从马克思以来，苏联即使不是对全人类也是对人类群体中的一部分来说代表着这种方向，苏联共产主义时代的解体被感知为一段历史的终结。因此，关于苏联发生的历史变故，不应轻率地对待。我们突然进入了不能通向任何一处的一个时代。这或者是好的,或者是糟糕的,因为一切没有了意义。

我会把这个问题归结为一句话:现在究竟是什么时刻呢?

我们处在历史的终结处,还是在历史终结之前?对于不相信共产主义是历史的终结而相反会说是人性的牺牲的那些人来说,这个问题也许是值得提出的。从 18 世纪以来,我们生活在一种理性的时间观里,这种时间走向进步,而进步变成了黑格尔与马克思意义上的公正社会。而今天,人们感到时代不能再走向任何地方。换言之,不确定我们会走向更好的时代。但又很难推进这种理念,因为人们会把你看作一个布尔什维克。我完全不能说自己是一个共产主义者,恰恰相反。但是,当马歇(Marchais)在勃列日涅夫(Brejnev)统治下讲话时,人们注意他所说的话,但突然,当他在帝国崩溃之后开始讲话时,他不能再给世人留下什么印象。

我会说,人在提问:现在是什么时刻呢?仿佛所有的钟表都被拆卸。直到今天,所有的预见都被拆解了。

单士宏:奥斯维辛、广岛、斯大林事件:这三桩核心的事件在我们恐怖的 20 世纪发生,而您是历史的见证人,它们对您的思想构成了怎样的教诲?

列维纳斯:我们不再能带来世俗化的福音书的观念,因

25

为人们曾经认为这些事件敲响了历史的丧钟。

单士宏：您是否认为共产时代的终结以及前苏联的解体可以引向犹太复国主义的新的飞跃？

列维纳斯：这个问题事实上在当今具有更多的意义，鉴于苏联的解体，尤其还有某个地方的勒庞(Le Pen)的可能性。在苏联的光荣时代，犹太复国主义被认为是渺小的想法：我们正在改变世界的秩序，而那些人还想登上西奈山！

单士宏：在我和保罗·利科的一次对话里，他提到他受益于您，同时也提到他的伦理哲学相对于您的思想体现出的细微差异。

列维纳斯：如您所知，我非常钦佩保罗·利科。在整个当代哲学里，他的思想既大胆又具有完美的诚实性。但在我们之间，关于自我与他者如何建立良好关系的方面，有些不一致的地方。我呢，我总尝试着在可以共享的人的关系之外探寻——如果人与人之间的关系是可以共享的，那么绝对会是美好的——构成人际关系的终极可能性的深邃根基。一种绝对无私的关系。我寻找这样的一种关系，在其中，我对他人的义务以及面对他人的觉醒，我心系他者的挚爱，都不是一种执着，不是一种要求回报的慷慨。以至于我总是认为，在与他人的关系中有一种完全的无偿,绝对无私的因素,我也会质疑在这种关系中呈现的财富的相互性。保罗·利科在许多方面赞同我,但是,他却认为相互性的取消是一种缺失,在这种观念里有一种对自我的不公正。我非常理解他的理由,但我也明确地认为这处在纯粹的关系、面向他人的慷慨的根基处,这是一种所谓神圣性的关系。仿佛神圣性即是与他人关系的行为的至高尊严,这就是人们称作对邻人的爱或尊重。

这就是保罗·利科的批评:为什么祛除自我?在这种关系里,难道没有一种终极的满足,与一种纯粹、简单的消耗不同的某种其他的东西吗?

我想,神圣性的概念是非同其他的一种关系,是非同其他的一种尊严。事实上,神圣性,排除任何的利益。但这是唯一的无偿,无论如何,这种无偿都是独一无二的:它就是一种价值。如果人们将神圣性分析到底,事实上,什么都没有,但明确地说,承载虚无并希望承载它的能力已经是一种积极的品质。人怀着无私可以承载神圣性并且坚持,不论神圣性带来什么积极的东西,在其类型中就是独一无二的。

单士宏:让保罗·利科感到不自在的表述,也正是对大家来说难以理解的那一句,即当您径直地说出这句:"我是他者的人质。"人质,这是一个可怕的词啊。

列维纳斯：是的,事实上,这句表述意味着世上有一些人质,而人们可以接受这种人质的状况。因此,这也表示,我对他者的责任感要直到承受在人质的状况下所包含的不公道。这种状况为他人带来某种东西,但这种接受还明确地证实了一种神圣性。利科的批评是一个整体。显然,对志愿做人质的状况的接受是具有神圣性的一种行为,即使人们用其他方式来命名。让神圣性成为接近上帝的一种方式,这是明显的,比所谓上帝的光荣显身要更重要。这种关于人质的概念当然是一种独特的方式,为的是让有正义的人感到幸福。

单士宏：但这个词,相对于犹太教的《塔木德》与《米德拉西》思想,您如何定位它呢?

列维纳斯："人质"这个词,我是在遭到纳粹迫害的时期认识它的。当纳粹把你作为一个人质时,是把你当作另一个人来惩罚。对我来说,除非这个词在历史语境中接受了一种可能是光荣的意义,它并没有其他的意指。这种作为人质的灾难,具有某一种光荣,因为成为人质的那个人知道他可能要面对被当作另一个人杀害的危险。然而,在作为人质的状况下,即我称作"人质的无条件",在悲剧性的命运之外难道不是也有一种至高的神圣感吗?

单士宏：这是一种去探求的神圣感吗？

列维纳斯：在我的论证中，我总是强调这种作为人质的状况，通过这种状况，同情、悲悯、团结在世界上成为可能。当人们言说真理时，总有一种成为人质的危险。我使用这个词，也是为了表达人类的神圣性。"神圣性"这个词要比"人质"的表述更讨好。

单士宏：在"人质"这个词里，难道您没有看到基督教所特有的一种内涵吗？

列维纳斯：并不胜于 kedousha 那个词。我不知道在希伯来语里是哪个词对应"人质"一词。但对我来说，我想重复一点，这首先是我从德国纳粹占领欧洲的时代起开始认识的一个词。

单士宏：这个词在《托拉》里是缺席的。

列维纳斯：无论如何，在犹太教的《圣经》里，为上帝的名义去死，这是一个常见的概念。而王后以斯帖（Esther）难道不是冒着承担作为人质的境况的风险去拯救她的人民吗？因为在国王没有伸出他的权杖时靠近国王，是会有冒着被杀死的危险的。

单士宏：有一些犹太思想家认为，您为神圣性赋予了一种非犹太的、却是基督教式的维度。您如何来回应这一点呢？

列维纳斯：如您所知，在希伯来语里，kadosh 这个词是用在上帝身上的，上帝即是神圣，而它也用在人的身上，称之为"kedoshim"（"圣人"）。这种古老的传统可以推溯到《塔木德》时代。除非人们假设在犹太教里没有仁慈、没有公正的问题。犹太礼拜仪式里的那句表述，"真理之爱"，也表示仁慈。在许多其他品质之外，神圣性的全部独特性，也意味着是最大的苦难。正是在可能降临到他身上的苦难之中期望对他人为善的力量。

单士宏：乔治·斯坦纳（Georges Stainer）写道："犹太人的命运，奥斯威辛集中营包括在内，始终围绕给罗马人的使徒书信里呈现的问题，在其中，保罗说犹太人在拒绝弥赛亚时，把人当作历史的人质。"肯定这个论断，难道不是巨大的问题吗？

列维纳斯：在这种情况下，拒绝承认耶稣可以被当作做好为弥赛亚而献身的准备。但是，弥赛亚并不需要人们为之献身。当然，在犹太教里，人们多次遇到"为……献身"的内心倾向，正如我们在以斯帖的情况里可以看到，她冒着可能会丧生的危险去拯救她的人民。

单士宏： 不是为弥赛亚而献身吗？

列维纳斯： 不是的，恰恰相反。可以促使我们的内心倾向转到为之献身，这并不是弥赛亚中积极的部分。斯坦纳的话也许是希望借此说明，受苦是好的，因为这最终承认了弥赛亚。除非这是他发出的一种奇思异想。

单士宏： 在《塔木德》中，有一篇说，上帝与《托拉》相游戏。您如何阅读这个文本呢？

列维纳斯： 当《塔木德》说，《托拉》落入摩西的手中，我们可以很好地读出，正是上帝与之相游戏。智者评论《托拉》的方式很像一种游戏。上帝与《托拉》相游戏，同时观察专家们在其中游戏的方式。当魔鬼撒旦去寻找《托拉》时，它既不在海里，也不在火里或者天空里。事实上，正是上帝把它给予摩西，而摩西懂得它并不是给予他的，而是上帝在与它游戏。当撒旦去问摩西："是否是你持有《托拉》呢"？他回答说："是上帝持有啊。"这等于说，当犹太人拥有《托拉》时，实际上还是上帝拥有它。而当说上帝拥有《托拉》时，正是在犹太的经学院（yeshivot）里，在塔木德学派里，犹太人要去计量和评论《托拉》的文本。正是在犹太的经学院里，上帝找到与《托拉》游戏的方式①。

在我所暗示的《安息日书》里的这一页里，一些元素反复出现三次。撒旦将首先在地面上寻找《托拉》，随后在海洋里，最后在深渊里。当我们还没有化学、物理时，水、火焰与虚无、混沌，完全不属于物理学的范畴。在精确的科学之前，元素起什么作用呢？我们的世界分析火、水、自然元素，来构成后来的化学与物理。相反，只要有生者在工作和研究，正是《托拉》教会人们应当如何去工作，如何去结婚，如何去学习。

单士宏：在《托拉》里上帝降身至众人中间，而上帝的在场始终在众人中存在，这对于您是否是一个重要的观念？

列维纳斯：上帝并没有降身，而是仿佛上帝降身众人中间。拉比阿基巴说：《托拉》是一部活的书。唯一让那善良的上帝感到好玩的一件事，正是经学院这个词吧……

单士宏：死亡是否是以哲学的方式来构想的？

列维纳斯：在整体上，人们讲：死亡，正是否定。这不是一种否定，因为它是一种神秘。这完全不是因为在死亡后没有生命，而是人们不能给出任何延存或者复活的希望。复活

---

① 参见《塔木德》，"犹太新年"（Rosh Hashana）章，17b—18a。

的理念也容易认为死亡什么都不是。死亡是什么,人们并不知道,因为这就是神秘的一个绝佳的例子。讲到死亡,就是放弃所有的逻辑。这并不仅仅指的是人们会死的事实。人们希望用来划定死亡的所有逻辑的形式,都会在死亡的事件之后消失,如果人们想描述死亡的话。

当人们讲"他死了",明确地说,已经没有了"他"。因此,当人们说,"他已经结束生命,这是终结"时,人们什么也没有说。这并不是终结。在此,仅仅是他这个人的生命终结,此后是虚无。而虚无之后,是某个人有所延展的虚无。这完全不等同于意识消逝的情况。在哪个时刻,它消逝呢?当我说死亡不是虚无时,这丝毫不意味着存在与虚无之间的对立。并不是有被排斥的第三方,而是仿佛曾有过被排斥的第三方。

思考虚无与不存在,这不是一回事。被排斥的第三方,就是:有(A),与无有(NON-A)。我们的逻辑是被排斥的第三方的逻辑。

单士宏:最终,在您看来,死亡是否是如同海德格尔所思考的"不可能的可能性",或者与此相反,"任何可能性的不可能"?

列维纳斯:这是一种在其中可能否定未来的可能性。死亡与时间的关系,是否来自存在是有限性的事实呢?但您知道,我会推得更远一点:我支持在某种程度上认为死亡总是某种方式的谋杀的说法。每当一个人死去,人的整体是对此有责任的——毕竟是说在"某种方式"上的"谋杀"。在他人的死亡引发的全部忧伤里,总有一种对于停止的生命的责任感,在这层意义上,有一种类似于罪恶感的情感,仿佛人们继续存活下去是有罪的,仿佛在无辜之中有一种罪恶感。在对死者的同情或在参与葬礼的仪式中,也许也有面对死亡现象的某种负罪感。

审视他者的死亡,是无法"构想"的,仿佛"这并不与我们有关",也就是说,我的无辜是绝对被排斥的。当然,我们可以说,正是存在的有限性包含了死亡,或者说也包含了我没有参与的原罪,无论死亡在哲学上或神学上的裁判如何。但是,当人们说,死亡是一桩罪,这意味着"残余者"不能纯粹地、简单地从中洗净双手。在人性中,总有对于在大地上发生的任何恶的某种参与。

单士宏:您与时间的关系,为什么更接近柏格森式的观念,而不是更接近海德格尔呢?在某些方面,您重新借鉴了柏格森所认为的时间里的时间性正是爱的崇高观念吧。

列维纳斯:时间是无法预料的。时间同样也是允诺与惊异,在这层意义上,时间也是爱。柏格森并没有用同样的方式言说时间。但是,时间也是开敞,即使有机器与钟表的机械时间,时间也是创造。

依照这种观念,我们可以重新思考人的存在里的各种不同的方式。直到柏格森,时间还是经过的,是可腐朽的东西。时间是匮乏的,正是永恒才算数。永恒在主旨上就是绵延,是如是的唯一性。柏格森是第一个将时间化成真实的纯粹性的思想家。纯粹一词,德语里的 rein,在海德格尔那里也是存在的。它在柏格森那里是更有限的,也是更纯粹的。

在柏格森思想里的时间,正是丧失它可腐朽的特征而化成精神的真实。归根结底,时间性就是对他者之爱。柏格森所谈的绵延,正是对于他者的靠拢所栖身的维度。神学是绵延的根基。在海德格尔那里,相反,正是人的所有权威与本真性包含在对于存在的把握之中。在这里,就呈现出巨大的差异——大致地讲,在柏格森所代表的西方圣经式的唯灵论与海德格尔式——或者更准确地讲希腊式的——世俗思想之间的差别。

在《存在与时间》里,并没有对绵延的精神的界定。这种时间的主题在它身上承载了永恒的诅咒。

我们今天遗忘了《物质与回忆》以及《论意识的直接材料》里的阅读;但是,作为绵延的本真性观念最终的这种纯粹性的符号正是柏格森带给我们的贡献。在柏格森那里,相比海德格尔呈现出更多的希望。

单士宏：我记得，您在一堂课上用巧妙的方式谈论阴性与时间性的联系。在《时间与他者》中，您也提到爱欲（Éros）在人的关系中的特殊地位。您写道："这是与相异性、与奥秘、与未来的关系，即与一切都在那的世界里永远不在那里的东西、与一切都在那时可能不在那的东西的关系①。"

列维纳斯：的确，我认为在阴性中有着未来的期许。在人类当中的阴性就像是对未来的迷醉。您刚刚提到我关于"爱欲"的讲座，那次讲座被收进《时间与他者》，讲座中就谈到抚爱的主题，而抚爱就是纯粹未来的等待。

我刚才已涉及了情感性（affectivité）的问题，在其中展开了多个维度。譬如，我自问，在道德思考中，是否是无偿和利益构成最终的区别。有关情感相互性的论争在讨论慷慨行为的本质时，是否考虑到上面这些维度？善行的受益者是满足的，行善者也是满足的，但行善者的满足难道不是别样的本质吗？恰恰是这一别样需要我们全面分析，在这里要展开就过于冗长了。在善行中的善意至少承认有高尚性和高度的不同，也不以用等与不等来衡量。尽管两者之间的彼此行为有

---

① 法国大学出版社，"战车丛书"，1983 年，第 81 页。

各种比较,但并不能肯定上帝也要以同样的方式被思考。

单士宏: 在《塔木德》中有一段,写到拉比阿基巴与本·佩特拉的讨论,拉比阿基巴想知道,在沙漠中,当一个人明知水不够两人喝时,他是否有权利将他的水与同伴共享。本·佩特拉说应该共享,拉比阿基巴并不赞同这样的观点:"H'ayékha kodmin"(你的生命先于一切!)①。也就是说,我们的生命并非属于我们,支配它的只有上帝。

列维纳斯: 这又是一个有关智慧的问题,上帝会如何评价它,我们不得而知。拉比阿基巴十分担心自己不会为这种"苦难的浪漫精神"而动情,确实,这提出的是牺牲的限度的问题。我们的生命不属于我们,必须尊重它。

还有另一篇拉比阿基巴的文字,我经常引用,它很深刻。"审判一个人,是必须看着他的脸,还是不必看他的脸?"一位《塔木德》的律法师回答,可以看他的脸,甚至在宣布判决之前。于是,拉比阿基巴说:"在判决之前不必看,但是,判决之后必须看。"②这是什么意思呢? 就是说判决并非不可更改,判决错误完全是可能的,人们可以修正它。我引用这段话是

---

① 《中门书》(*Baba Metzia*)62a。

② 参照巴比伦塔木德,《新年》(*Rosh Hashana*)17b 和《月之经》(*Nidda*)70b。

为了说明为什么在那一刻先知突然呼喊：上帝将要因以色列子民的恶行而惩罚他们。在此处，拉比阿基巴教导我们修正判决的可能。

在公正的国家里，在宣布判决之后，仍有上诉的可能——只要有合理的理由。在这里，也是同样道理。民主不正是在于思考掌权者的权力吗？甚至包括审判权。

*

单士宏：您如何看待在华沙发生的犹太区起义？

列维纳斯：那次起义是一种特殊的意识的恢复，终结了很多同化东欧犹太教的行为。这绝不是疯狂的想法，而是生存受到威胁的犹太人的目标。在希望尚未出现之时，这的确是一种勇气。"我们不能再这样下去了。"

我知道，在那个年代、在东欧国家，生活是什么。起义是一种惊人的、无法复制的回应。

单士宏：我想，这是第一次对纳粹灭绝犹太人计划组织反抗。

列维纳斯：您一定认为在那里，纳粹计划从未被接受过，但这是第一次自我牺牲的尝试、第一次为了反抗纳粹计划而自我牺牲。

这是我在绝望中看到的……就像是绝望的牺牲。我们不能用随意的、平平常常的方式来诠释这个事件。因此,我们只能向参与者鞠躬致敬。

单士宏: 您认为在犹太人离开波兰五十年之后,波兰人仍然排犹吗?

列维纳斯: 我不知道,不管怎样,教皇是波兰人,他要求负责奥斯维辛这个古老的不幸之地的修女们离开,对这件事,我仍然无法释怀。他是亲手写信给她们的。我们不可能对此无动于衷。以前,我会定期参加教皇夏宫冈多菲堡的哲学会谈,从加尔默罗会安家那年起,我就不去了。

单士宏: 在犹太人大屠杀后,在 téfilah(重要的每日祈祷)时,人们真的还能说出形容上帝的词语 hanora 和 haguibor——"可怕而有力"吗?《赎罪日书》里讲述了第一圣殿在遭亵渎后,耶利米忘了讲出 hanora 一词,而在此之后,但以理大声地说道:"偶像崇拜者带领上帝的子孙成为奴隶。因此这就是上帝的权威?"这一次,轮到他忘了说出 haguibor 这个词①。

列维纳斯: 这就是这种含糊说法的现实意义。

————————————

① 《赎罪日书》(*Yoma*)69b。

单士宏：这还没说完。

列维纳斯：是的。还没说完。在整篇《米德拉西》中，一页纸从天而降，上面只写着一个词：真相。但以理和耶利米的真相，与他们的反驳同样真实。

伟大的犹太教堂仍在继续，它确信最令人生畏的至高权利是宽容。这没有教义上的解答。

上帝以各种方式降临到人的精神之中。

单士宏：让我们回到哲学。对您来说，伦理就是用于界定人与其邻人之间联系的学问，而耶沙亚胡（Yeshayahou Leibovitz）教授则认为，伦理在关注人与邻人联系之前，首先涉及人与上帝的联系。

列维纳斯：将这二者区分开来，难道有道理吗？因为人与人的关系本身就不就是人与上帝关系的本质吗？这绝不是词汇之间的归纳。在对他人的责任中，发现他人的面容，是我们聆听上帝声音的方式。我写过一本有关宗教哲学的书，名叫《观念中的上帝》。在承担对他人面容的责任的同时，上帝降临到观念之中。

单士宏：超越性和内在是不可分割的？

列维纳斯：当然。超越不比内在简单，它同样是牺牲的机缘，绝非儿戏。

单士宏：在您给基督教徒讲话时，您很自然地提到，在您看来，严格地说，上帝之成肉身化，应被理解为上帝出现在他者的面容之中……

列维纳斯：我使用了在另一个人的"表象之下"(sous les espèces)这样的表达，但我并没有说他人就是上帝的化身。无论如何，在上帝的显现与我和人、我和他人的联系之中，存在着某种关系。在这一刻，逻辑出现了悖论。你通过亲近他人的方式来遭遇上帝。没有比这更伟大的亲近。

单士宏：对于虔诚的犹太教徒，"虔诚"(mitzva)也意味着与上帝特殊的亲近。这正是基督教徒所无法理解的。您本人也在为摩西·门德尔松的《耶路撒冷》一书所写的序言中说道："[……]实践这一戒律——比如学习它——不仅是对信仰的表达，也是与出现在历史中的上帝的最终的亲近①"。

列维纳斯：无论中间的媒介是什么，与戒律的联系，就是

----

① 《民族的时代》(*À l'heure des nations*)，午夜出版社，1988 年，第 165 页。

与他人的联系,哪怕中间的媒介是没有指明这一联系的事物,比如"饮食禁忌律令"(cacherout)①。这正是《塔木德》思想的全部。

我要强调,审视一个人的面容,并非限于一种感知,尤其重要的是要领悟它。这绝不是看一样东西,比如看一幅画,绝对不是;而是立刻产生与"责任"的联系,并因此倾听上帝的话语。确实,这是与亚里士多德学派的逻辑学的区别。当两个人一起时,有三个人。不应按照实际的字面意思理解我这句话,而应该从经典哲学的层面去理解。第三方具有独一无二的地位。是上帝出现了。我们正是在回应上帝。

这并不等于说我反对亚里士多德学派的逻辑学,但其细节的延伸不够严密,它需要假设人类集体的出现。

单士宏:您有关替代、责任的哲学让我成为一个无法替代的人。在某个时刻,这种哲学难道不是会成为意识到"在600万人死去之后幸存下来的不正当特权"②的那些人的最终意义?

列维纳斯:对此我无法回答,不过对第三方的责任就是

---

① 犹太教里关于饮食规则的律令。

② 《专有名词》(*Noms propres*),口袋书出版社,"Biblio essais"丛书,第142页。

这样的人的情感和意识，我认为这正是理解人的准则。此时此地，神圣得以成为神圣。它的存在与一张椅子的存在相映衬。必须用一种坚定的而不是虔诚的方法来讲述它。

单士宏：这就是您在《观念中的上帝》①这本书里想要说明的吗？在书中，您明确地写道："孕育出一切思想的、比我的有限思想更早的无限思想，它是时间的历时性本身，[……]先于一切意识行为的'奉献'方式，由于时间是无偿的（哲学家们畏惧这种时间的空虚与剥夺），它比意识更加深刻。"

列维纳斯：当然，但是，在那里，我将其带回到那些基础的哲学范畴。欧洲人，或是所有人，都是这样感知事物的。与这些范畴决裂就是与人自身的启示决裂。

在这样的背景下，对面容的迎接，加深了对他人的尊重，也是对上帝的尊重。

单士宏：在《托拉》中有一段特别的情节，提到当摩西与亚伦在会幕里时，上帝是在他们之间说话。

列维纳斯：在那儿的是第三方。仅此而已，不该像讲述一件虔诚的事那样诉说它。同他人交谈的是最初的"您"。当

———————————

① 前揭，第12页。

然也可能是别的形式。

但我绝对认为,一个拥有平等的社会就是拥有上帝的社会。在《圣经》里的某些章节,正应该这样去解读。

单士宏:您曾写道:"没有 mitzva 的犹太人是全世界的威胁。"这是什么意思?

列维纳斯:这意味着和平被打破。这要联系到我之前讲的与戒律、与他人的联系。

"当两个人在一起时,有三个人",这句话中的悖论应当维持在其与常识对立的层面上。

单士宏:在您的作品中,从第一部书起,您就提到一位作家,尽管他的名字出现并不频繁,我要指的是普鲁斯特,但卡夫卡几乎从没出现过。

列维纳斯:不能忽略卡夫卡!但普鲁斯特的主观性是不可取代的。承担错误的始终是"我"。普鲁斯特的主观性带有一种悲伤。这绝不是一个嘲笑人性的人。他作品的绝妙之处在于陈述方式,我将它说成是一种赤裸。然而,这一陈述方式不总是认错(meaculpa)。普鲁斯特的叙述不是悲惨的而是陈述的。我有罪,因为我是罪人。

我还要补充一点,在他笔下的每一个人物都感到自己是有罪的,尤其是阿尔贝蒂娜,因为他们怀着各种别的情感,比如羞耻、冷漠、赤裸、孤独,这些情感没有明说却显露出来,不管怎样,他们已经能聆听上帝的话语。

单士宏: 在这世纪末,人们是否看见了这样一个现象,面对发生在世界任何地方的悲剧和惨剧,所有国家都越发负有责任,比如南斯拉夫分裂? 当时,以色列人民表现出的伦理,我们只能致以敬意。

列维纳斯: 还有无数的基督教徒,无数的人。那是一个沉重的噩梦,就好像我们都有责任。"我们",就是我。在这样矛盾的处境中,我们是有罪的,因为我们是罪人。

在我的陈述里,核心的思想是他人的相异性,是我对他人的责任,它是沉重而又时常被遗漏的话题。人类的特质在于对他者的关切——就像海德格尔所说的 die Sorge。对他者的关切并不总是显而易见。并不是因为人们歌唱无私的赞歌,人们才理解人、理解他人。如果什么都还没做就想到责任,那这就是一件无与伦比的事情了。

单士宏: 我们可以将操心(Sorge)中的迫切与我们对话开始的中心观点——人质——联系起来,以此结束这个问题。人质是否就是将这种人的特质牢记于心?

列维纳斯：对他人负责，就是成为人质。成为人质是不公的，但这一不公就是责任的本质。不要去关注他人的错误是否超过了我的错误，或是关注他人的错误是否比我所犯的错误更加明显。道德生活正是这样一种不变的态度。因此，在对责任的定义中，有着某种没有言明的矛盾，它与共存相悖。

人质是代替您做事的人，如果他不做，他会死去。社会中，存在着一种永恒的人质状态。我们总是某个人的人质，却绝不会去抱怨。

单士宏：下面的这个问题不是为了结束，而是为了最终打开我们的对话。我想请问您，在您年轻的时候，有没有一位老师对您产生过格外深刻的影响？

列维纳斯：在几个月前，有人让我写一篇关于我的老师的文章。在这一篇名为 *Mitgenommen*（带进）[①]的短文中，我回忆了在立陶宛教我德语的莫舍·施瓦贝（Moshe Schwabe）博士。我在文中是这样写的：

---

① 《向老师致敬》(*Honneur aux maîtres*)，玛格丽特·莱娜 (Marguerite Léna) 编，Critérion 出版社，1991 年。

46

我出生在一个犹太家庭,大人们用俄语与孩子交谈,也就是说,在那里,俄罗斯文明和俄国文学具有极大的权威。1914年爆发的第一次世界大战,将我的父母逐离了这个世界的一隅,他们一步步地朝着西方走去,来到乌克兰哈尔科夫,家乡的国立高中也撤离到那里。1916年春天,我进入这所高中读书:在沙皇统治时期,对于犹太人来说,这是个了不起的成就。

随后,革命、共产主义、内战的混乱接踵而至。1920年,我的父母借由当时的一个机会重返立陶宛,次年,立陶宛成为独立共和国。我在当地用俄语授课的犹太中学毕业班里准备中学毕业会考,即相当于法国中学毕业会考。最后一学年的课堂上,我遇见了担任德语教授的莫舍·施瓦贝博士,他是一个深受日耳曼文化同化的犹太人。在德军占领期间,他接触到东欧犹太教,受到极大触动并决心为其做出贡献。于是,他接受了在立陶宛犹太高中教书的职位。而令我们炫目的是西方,是因德国文化而闻名的西方,而德国文化又是因歌德而闻名。我们在课上阅读《赫尔曼和多罗泰》——这本书尤其令我们联想起和平时代的欧洲对话——这为后来阅读《浮士德》中的文字提供了准备和保障。他说,应该"以四十度高烧般的狂热阅读"《浮士德》,必须全神贯注……然而,老师的智慧让我们避免了高烧:那一年在《诗与真》中结束,歌德讲述了他在法兰克福的童年生活,列举了家中装饰屋子的绘画,它们的作者大多默默无闻。声名的暗淡令年轻的学生们震惊:"为什么没有名气?"老师做出了极致的回答:"歌德将他们全部带进——mitgenommen——他的不朽中。"

蒙田、笛卡尔、帕斯卡尔、柏格森,这些历史的过客将多少人、多少事物、多少沃土带进他们的不朽中,从而赋予他们尊严……这是否就是西方?普希金、彼特拉克、但丁、莎士比亚……他们的视角装点着世界。

1951年,莫舍·施瓦贝在耶路撒冷实现了他的西方,在那里,他成了一位希腊语教师……

III
从面容现象学到一种断裂的哲学

1

从面容的神显到神圣性的概念

人性迷狂的反面是什么？针对这个问题做出解答的，不止是那些声名显赫的哲学家，还包括一些生前鲜为人知，其作品却为作者赢得身后声名的学者。列维纳斯也许就属于后者，他和西蒙娜·韦伊（Simone Weil）及罗森茨威格（Franz Rosenzweig）一样，都是在过世之后才赢得声望。

首先，读列维纳斯的作品，我们可以感受到其中的断层性，它们承袭了西方哲学的历史，即沿着柏拉图一路走到柏格森、胡塞尔和海德格尔的传统。而神圣性这一主导的概念尤其突出体现在他最后 20 年的作品中。实际上，早在《塔木德四讲》①中，列维纳斯就已经将"圣人"这一关键词灌注于神圣

①　午夜出版社，1968 年，第 5 卷。

性的概念中了。

　　从一定程度上可以说,列维纳斯所讲的"圣人"与"神圣性"是他较前人思想的一大突破,也是使其作品"臻于至善"的关键。列维纳斯在哲学论述中不再满足于重复传统意义中的上帝,而是如笛卡尔和帕斯卡尔一样,提出一位无所不在的上帝,由此引申出人类"神圣性"的概念,作为对我们一开始提出的那个问题的回答:这也是米歇尔·福柯深入思考过的问题——人类悲剧性的迷狂的反面究竟是什么? 在深入探讨我们的主题之前,还是要对列维纳斯所说的这个"观念中的上帝"稍作解释。我认为,它与伟大的中国思想,也就是老子和孔子思想中的"道"多少有些关联,"观念中的上帝"相当于孔子思想中的"天"。在《论语》中,"天"是处理宇宙万物伦理关系的永恒坐标。

　　现在,我们就来看一看列维纳斯——这位运用诗人佩吉般的语言进行表达的哲学家所说的"道"。

　　面容的神显赋予人的生存以意义,我从这一角度出发,分析列维纳斯哲学思想中"存在"的意义。

　　若干年前,一份法国周刊曾以萨特作为封面人物,其标题为:"萨特,追寻谬误之狂热"。而针对列维纳斯,我们可以这般说:列维纳斯,追寻他者之狂热(passion 在这里有双重含义,一为情感上的狂热,二为宗教意义上的受难)。

至于"存在"的问题,它是使"存在的彼在"(autrement qu'être)成为可能的基础,而列维纳斯所说的"存在的彼在"与"别样的存在"(être autrement)的含义完全不同。似乎"autrement"不满足于自己作为附属性质的副词来修饰"être"的角色,而要表明自己也存在的事实,但这样一来,它又从本质上肯定了"être"的优先性。

引用列维纳斯的代表作《存在的彼在或在本质之外》(*Autrement qu'être ou au-dela de l'essence*)[①]开篇的话语:

> 如果说超越性有意义的话,它的意义就在于这一事实,即存在,本质,迈向存在的彼在的事实。[……]迈向存在的另一面,存在的彼在(autrement qu'être)。不是"别样的存在",而是"存在的彼在"。也非"不存在"。迈向在这里不等于消亡。

以上题引出现了三个关键词:超越性、意义和"存在的事实"。扪心自问,此时此刻,伴随着这样的开篇,我们又怎能不读一读列维纳斯写给《存在的彼在或在本质之外》一书的颠覆

---

① 海牙,马提努斯·尼捷霍夫出版社,1974 年;法国口袋书出版社,1990 年。

性的开篇,以及它在后来第二次的题铭中以希伯来文书写的献给他被杀害的父母的文字。这里是开头几行:

> 纪念被民粹社会主义者杀害的 600 万人中与我最亲的人们,以及不计其数的来自各个宗教、各个民族、因其他人类同胞的仇恨或反犹情节而受到迫害的人们。

这是构成《存在的彼在或在本质之外》一书哲学思想的基础。如何从这个海德格尔漠不关心的缺口出发,进行哲学思考呢?

如何理解这个"存在的彼在"概念实际上反映了"死亡之外"(autrement que mourir)呢? 换言之,要如何区别"存在"与"死亡"两者呢? 存在的彼在并不是说别样的存在。相对地,是否存在某种"死亡"和"死亡之外"("死亡"也不能说"彼在"吧? 就像下文的"思考之外"[autrement que penser]一样)的形式,而对这种"死亡"和"死亡之外"的记忆可以带领我们达到"存在的彼在"的状态?

我在这里想要说明的是,列维纳斯是如何通过"面容的神显"达到超越性的概念。这种超越性不再由上帝来定义,而是由仁慈心、责任感以及个人传递给他人的仁爱来定义。

在某种程度上,存在的彼在是别样的存在的反义词,后者意味着生存的努力(conatus essendi),为自身存在不懈努力的个体，也就是帕斯卡尔所说的"这个可恨的自我"。然而，存在的彼在是不是仅仅指一种次要的根本相异性呢？存在的彼在是一种升华了的自我主义。柏拉图在《高尔吉亚篇》①中写道，令人恐惧的并不是死亡，而是想到曾经做过错事。与柏拉图同时代的中国哲学家孟子教导人们说："人皆有不忍人之心。"②存在的彼在的别名就是仁慈、无限性或者说善。

列维纳斯是如何立足于两个基本点，一即哲学与现象学理论，二为《圣经》《塔木德》经文，一步步从存在的概念出发，论述人生之意义的？在列维纳斯那个时代的法国，存在主义与结构主义、拉康学派与政治哲学正占据无可争议的上风，他与保罗·利科、扬科列维奇（Vladimir Jankélévitch）、利奥塔（Lyotard）、德里达（Derrida）等人一样，成为一位思考生存新的意义的当代主流哲学学派之外的边缘哲学家。从严格意义上讲，他也不属于德里达解构主义思维的一派，即"思考'是什么'的起源与局限性这个哲学史上一直追问的问题"③。列维纳斯的思想是以本体论为基础，对它进行解构式的研究。

---

① 翻译自希腊原文，Monique Canto，弗拉玛里翁出版社，1987 年。

② 参考弗朗索瓦·于连《道德对话》（*Dialogue sur la Morale*）一书，口袋书出版社，1998 年。

③ 雅克·德里达，与罗热-保尔·德鲁瓦（Roger Pol Droit）未出版的对话录，《世界报》，2004 年 10 月 12 日，第 3 页。

哲学是否如海德格尔所认为的,已经遗忘了存在的问题,失去了本体论的意义? 又是否如列维纳斯所认为的,遗忘了"善"的问题呢①? 列维纳斯试图在存在的彼在中加入思考之外的概念,这是在传统哲学与道德价值观伴随着纳粹主义的到来、犹太大屠杀的发生以及同时期出现的斯大林主义而为之坍塌后,对西方哲学奠基的又一次诘问。将存在的神圣性设想为比本体论更为基础的概念,这一切难道不是建立在思考之外的基础上吗?

　　从《存在与时间》的发表到 1933 年他就任弗莱堡大学校长的著名演说,海德格尔在这场道德和哲学价值观的坍塌中所起的作用是什么呢? 对于存在的过度关注导致的可能是走向法西斯主义的政治偏离,因为存在有时伴随的是对具有根本相异性的他者的遗忘。

　　"海德格尔哲学研究的中心问题不是人,而是存在:不是引领我们进入费尔巴哈理论的人类学意义上的存在,而是作为基础的本体论意义上的存在。存在的真实行为便是'死亡的自由'",让-路易·杜马在《思想的历史》②中写道。随着

----

　　① 安德烈·德·缪埃,日内瓦大学教授,写给阿兰·图尔奈《被遗忘的善:列维纳斯的回答》(*L'Oubli du bien: la reponse de Levinas*)一书的序,日内瓦,斯拉特金出版社,1999 年。

　　② 《思想的历史:哲学与哲学家》(*Histoire de la pensee. Philosophie et philosophes*),第三卷,现代部分,口袋书出版社,1993 年,第 275 页。

《整体与无限》①的问世,列维纳斯关于存在这一问题的全新思考也获得了飞跃式的发展。而《存在的彼在或在本质之外》更是作为登峰之作,为这一问题打开了最后一片研究领域,即"上帝"一词的意义。

继笛卡尔、帕斯卡尔以及克尔凯郭尔之后,列维纳斯开始从哲学角度重新思考精神中的上帝,他将胡塞尔和海德格尔的理论引入了柏格森的国度(法国),而海德格尔却佯装从未读过柏格森的著作。

让我们的分析再深入一些,从《整体与无限》开始,我们便可以发现列维纳斯思想中产生的变化,他不断在作品中提及"épiphanie"(神显),这一具有使动意义的词语的含义。实际上,在《与胡塞尔、海德格尔一起发现存在》②中他已经以某种"宣言"的形式特别提到过这个词语。Epiphanie 的含义可谓是三位一体,既有神学性也有诗学性,但首先又具有哲学性,这一点众所周知,也解释了它受到列维纳斯重视的原因。

神显的面孔在那些看向我的眼睛中打开了人性[……]③

---

① 海牙,马提努斯·尼捷霍夫出版社,1984 年,第四版;法国,口袋书出版社,1990 年。

② 弗兰出版社,1982 年,第 198 页。

③ 《整体与无限》,第 234—235 页。

在《存在的彼在或在本质之外》中，面容的神显更是具有了本质的、完整的意义；在伦理学的意义上，它达到了更高的程度，由存在的此在（dasein）走到了存在的彼在（autrement qu'être）。这是从内在性到超越性，从本体性到伦理性的过渡，是通往神圣性的道路之一，它本身代表着一种高尚的责任感，这种责任感可以延伸到代替他人，甚至是"为他人而死这一最高形式的牺牲"，列维纳斯在《观念中的上帝》①中这样写道。只有英雄、殉道者或者圣人可以达到这种存在的超越性，为了他人，可以牺牲自我，奉献自我。"启示的超越性来自于神圣性的显示，而神圣性的显示又来自于接受神圣的人的话语。"②

Epiphanie 不只是神的显现，而更近似于一种神的启示，对永恒无限的启示。

随着面容的显现，脸孔不再停留于表面以美丑、衰老年轻作为标准的外表形式，而是跨越了它具有迷惑以及稍纵即逝性质的表层，达到了它作为人类面孔的唯一意义。人的面孔所代表的首先是对痛苦与死亡的召唤。它负载和反映的是人

---

① 前揭，第 247 页。
② 《存在的彼在或在本质之外》，第 234 页。

性,以及对人类脆弱和不幸的提醒。

在近代民族之间发生的屠杀记忆中,每一个名字,每一张受害者的面孔,都代表了成千上万失踪者。正是出于这个意义,每一个人的面孔都代表了全世界。在这里,我想要深入探讨生命意义的概念。开始陈述,开始哲学思考,就是在提出其他所有问题之前先提出一个问题,并且是唯一的问题。我在这里引用一篇列维纳斯几乎不为人知,却应该被知道的文章,名为"爱与启示"①:

> 我认为存在这样一个完美的问题,它的完美在于其内容决定了其形式;这便是死亡的问题。它表现在面容的公正中,也是我困于其中的问题;面容,即为他人向我索求的事实。

这个首要问题也是列维纳斯关于存在问题进行的第一步思考,也是对人之超越自身死亡能力的基本质疑的回答。

列维纳斯的形而上学论从"面容"开始,而面容又与伦理

---

① 《现世的仁慈》(*La Charité aujourd'hui*), SOS 出版社,1981 年,第 142 页。

性的话语紧密相连。只有这番话语能够表达其意：

"在面容问题中，肉体是动词，而抚摸便是——诉说。"[1]
这不再是 Verbum caro factum est（圣言成了血肉），而是 Caro
verbum facta est（肉体化身为行动）。这里存在着哲学重大的
决裂。基于此，列维纳斯提出母爱是人性的高级阶段。母爱
中存在神圣性吗？"神圣性"这一词语本身意义的含混性迫使
我们不得不从形而上的术语层面来理解它。为什么带有犹太
教血统的列维纳斯选择了"神圣"一词，而放弃使用"正义"？
那是因为在希伯来文中，列维纳斯更加认同 kaddosh（神圣的，
圣人）、kedousha（神圣），而非 tzadik（正义的，义人）、tsedakah
（正义）这两个词，kaddosh 和 kedousha 不论在哲学还是宗教
学领域中，代表的都是更高程度的正义。神圣凌驾于正义，圣
人比义人更加高尚，神圣所包含的意义不止于正义。然而，欧
洲历史中同样有殉道者和圣人，但是欧洲传统上使用的却是
"正义者"一词，为的是去掉基督教，尤其是天主教的印记
符号。

女性象征由肉体通往精神的过渡，象征非肉体的存在。
在两性结合的过程中，女性所接受的是生命的赠予，而借助赠
予这一事实，女性便得以从精神上超越欲望，超越肉体，超越

---

① 《现世的仁慈》，第 150 页。

情欲,而将这一切原始的欲望转化为无穷的责任:她将以自由和幸福为代价,接受新的生命在其体内的孕育。这是一种肉体和精神的双重超越,正是基于此,列维纳斯才写下"随着面容的靠近,肉体化身为行动"。女性无论在列维纳斯的哲学思考,还是在他关于《圣经》和《塔木德》的理论中都占据着重要的地位。女性代表了人性的高峰。引用《存在的彼在与在本质之外》中的两段话为证:

> 母爱意味着对于他人的责任感——这种责任感可以一直发展到代替他人,甚至为他人承受痛苦,作为被害者的角色受到迫害。母爱——如果达到极致的程度——将可以担负起受迫害者的责任。①
>
> "为他人付出"的母爱总体上的脆弱性是它的终极意义。②

这种对同胞极度的责任感,对有些人来说也许太带有基督教意义上的责任感,对列维纳斯而言是构成主体性的最本质的、最首要的,也是最基本的内容。对这种责任感的强调,

---

① 《存在的彼在或在本质之外》,第 121 页。
② 同上,第 170 页。

使得《存在的彼在或在本质之外》超越了《整体与无限》。保罗·利科经由这种有条件的或是无条件付出的责任感，看到了列维纳斯思想中的极端性和双重性。保罗·利科言之有理，然而在这种由责任感构成的人类意志中，存在着代替他人的，带有牺牲、献身性质的，却又完全脱掉了任何基督教教义的伦理的爱，这是哲学极为珍贵的内容之一，其中包含了神圣性的概念。从柏拉图直到海德格尔，哲学家们就与"专制者"结了盟，以西方逻辑的名义，专制地对一切概念进行了定义，难道就无法赎清这笔哲学家们欠下的道德的债务了吗？①

只有母亲和一些圣人或义人达到了"存在的他者"。列维纳斯所不了解的是，中国哲学从孔圣人开始，就在思考"至善"，即"仁"的概念。这个汉字本身包含了"人"与数字"二"：换句话说，它揭示了纯粹状态下的相异性。在《论语》(6,28)中，孔子写道："夫仁者，己欲立而立人，己欲达而达人。"②程艾兰也说仁的美德是如此地珍贵而稀有，"以至于孔子认为没有人配得上这个称号"。

继笛卡尔、帕斯卡尔和克尔凯郭尔后，重新思考精神中的上帝概念，是列维纳斯在生命最后15年中所进行的课题。以

---

① 汉娜·阿伦特，《思想录(1950—1973)》，第一卷，[20]，瑟伊出版社，2005年。

② 《论语》，译自汉语，程艾兰，瑟伊出版社，1981年，第20页。

质疑西方哲学基础为出发点,由"存在的彼在"过渡到对"思考之外"的思考。

这一"思考之外"难道不是又回到了"观念中出现的上帝的彼岸"吗? 就像柏拉图在《理想国》中所说的"在本质之外"吗?

这种哲学观点拥有如此全新的意义,它具有超越本体论的意义,开辟了现象学的另一条道路——即便列维纳斯本身也是现象学派的一员——我们仍然要赋予他形而上学的名称,或者更准确地说,伦理之形而上学的名称。即便如雅克·罗兰(Jacques Rolland)在他杰出的哲学论文《他者的轨迹:解读列维纳斯》①所言,如果本体论不是"第一哲学",那么伦理学更算不上"第一哲学"。布朗索却看到列维纳斯"将伦理学置于首位,这是哲学上的颠覆"②。

将《整体与无限》的作者的伦理学与道德及其所涉及的一系列道德戒令混淆起来,没有比这更加谬误的事情了。列维纳斯的伦理观甚至也和《道德形而上学的基础》无任何关系,在这本书里,康德将人对于自我的责任突出于人对于他人的责任之上,而列维纳斯的伦理观只能定义为一种神圣性。正

---

① 法国大学出版社,2000 年。
② "他教给我们的",《拱桥》(*L'Arche*)杂志"列维纳斯特刊",1996 年 2月,第 68 页。

是基于这一点，列维纳斯的哲学观才将神圣性带出了本来唯一具有的宗教超越性的领域，从而进入了理性、概念，同时也是哲学形而上的领域。但是，不就善的极端的界限提出问题也是危险的。在这种责任感的名义下，如何——如汉娜·阿伦特所要求的——与道德戒律不相违背？

这种致力于将神圣性引入哲学概念的愿望是终点，也是长久以来占据列维纳斯思想意识的问题的圆满终结。这个问题被一些哲学家们刻意淡化，甚至批判过，而这些哲学家都轻视自己忽略的领域，将这些领域视为哲学的边缘——更不用说还有一些哲学家，在批判的外衣下，拥戴效忠反犹主义，更有甚者将不是哲学家的人指责为拥有犹太血统或者属于犹太身份的哲学家。

而我们在诘问哲学还有什么可以教给我们时，我们需要重新意识到哲学追求的是爱的智慧，而这种爱也是他者性的爱。

2

萨特与列维纳斯:何种对话?

存在主义[……]可与反犹太主义对立来看。这样一
种以存在主义为其内容的人本主义的存在,换言之,这种
聚集融合了现代社会最基本的历史经验的人本主义,是
萨特对于我们这项事业(即哲学)的主要贡献,也是它对
全人类的主要贡献。①

列维纳斯于 1947 年 6 月写下了上述文字。在此前不久,
在以色列世界联盟的支持下,萨特刚刚在巴黎的化学院发表
了一场演说。列氏的这段话是对和他同时代已名声大振的同

---

① 《历史的不可预计》(*Les Imprévus de l'histoire*),法达·莫尔加纳出版
社,1994 年,第 122 页;口袋书出版社,2000 年。

僚最早的评价。

列维纳斯与萨特这两位哲学伟人的首次见面要追溯到1938 年(萨特于此年发表《恶心》)与 1943 年(萨特于此年发表《存在于虚无》)之间,地点是在比他们都要年长的加布里埃尔·马赛尔家里。萨特于 1930 年知晓列维纳斯之名,这一年,正值后者的《胡塞尔现象学中的直觉理论》出版。在翻阅过这本书后,萨特似乎抛下了这样的话语:"这都是我想说的话,全被胡塞尔说了。"①

胡塞尔而非列维纳斯

列维纳斯是透过《恶心》一书了解萨特思想的,他对萨特的敬仰之情本可以延续更久,甚至直到萨特人生的最后十年,即上世纪七十年代。然而 1964 年,在萨特荣获当年的诺贝尔文学奖(没有诺贝尔哲学奖这个奖项)而又拒绝领奖后,列维纳斯曾向他去信,称赞他拒绝领奖的行为,却没有得到这位一代青年偶像大师的回复。在列氏的这封被他自己称为"很重要的书信"中,他说:"萨特拒绝了诺贝尔奖,他是唯一有话语

① 由列维纳斯回忆,弗朗索瓦·勃里耶著,《列维纳斯,你是谁?》(*Emmanuel Levinas,qui êtes-vous*),里昂,拉玛努法克图尔出版社,1987 年,第 88 页。

权的人：前往埃及，说服纳赛尔与以色列和解。这真是疯狂的想法！但我对他(即列维纳斯对萨特)说：'纳赛尔只会听你的话。'"①

当列维纳斯回忆起这段经历时，他怎能不感受到一种被萨特忽视的受伤？怎能对此沉默不语？怎能不在叙述的结尾旧事重提？"有人告诉我，当萨特看到这封信时，他问道：'这个列维纳斯，他是谁？'难道他已经忘记那本《胡塞尔现象学中的直觉理论》了吗？"列维纳斯用这一诘问作为这段回忆的结束语。不过，这种伤害后来因为另一桩事情得到了缓解。当时萨特邀列维纳斯来其住所，请他为《现代》杂志一份探讨巴勒斯坦问题的特刊贡献一篇文章。列维纳斯最终为这本当时的著名杂志撰写的文章名为"政治靠后！"，其中的内容涉及萨达特与贝京历史性的会面，以及由此所诞生的和平希望。

他人与萨特的对话

在这通往哲学之路的独有时刻，我们一方面以"面容的神显到神圣性的概念"为起点，另一方面，探讨无需求诸宗教而

---

① 由列维纳斯回忆，弗朗索瓦·勃里耶著，《列维纳斯，你是谁?》，前揭，第88页。

达到的超越性概念，为此，我们不妨暂时将问题转移到萨特的思想上来，在《他人的人本主义》中一段描述萨特思想轨迹的段落中。列维纳斯写道："萨特以一种独特的，却又过于仓促的方式，称他人是世界纯粹的空洞。他的这种思想来自于'绝对的不在场'。"①

1947—1948 年，列维纳斯进行了一系列演讲，这些演讲在 20 年间一直以《时间与他者》为名出版，他在其中对萨特式的存在主义进行了质疑："在萨特的哲学中有一种我无法言明的某种天使般美好的现在。因为一切存在的重量都被抛在了过去，因此有了现在的自由，而这自由已然凌驾于物质。"②

列维纳斯试图重新找到这种除去了一切物质重负的现在的自由。我们不能从褒扬的角度来理解这种"天使般美好的现在"，而恰恰相反，这是一种对萨特思想之天真的批判——"这也是一切遭到批判的本体论的天真之处"③，这种想法意识中的现在的事实作为了思想的出发点——列维纳斯用他所认为的真正的形而上学，即伦理学，替代了这种萨特式的天

① 法达·莫尔加纳出版社，1972 年，第 1958 页，还可参考《与胡塞尔和海德格尔寻找存在》一书，弗兰出版社，1982 年，第 198 页。
② 法国大学出版社，1983 年，第 44 页。
③ 阿兰·托尔奈，《善的遗忘》，前揭，第 123 页。

真。萨特认为"我思"(cogito)不能作为哲学的起点,这难道不涉及一个大问题,这个问题他也在《存在与虚无》中明确提出过,即他者的问题不能由主体的"我思"开始,而是相反地,他者的存在使"我思"成为可能,我在这个抽象的状态下成为客体?[①] 萨特式的"我思",是经由他者的出现而意识到主体的"我",这个他者的出现是一切具有意义的前提,它与列维纳斯的伦理学只是一种虚假的切割。

无需赘述,我们已经可以明确看到列维纳斯对"我思"的概念是完全不同的,他的"我思"开始于他者。在《整体与无限》的最后几页,列维纳斯又重新谈到萨特,他要谈的是萨特对于他者的概念和列维纳斯听到的被批判的自由之间的关系:

> 萨特的他者的相遇威胁到了我的自由,并相当于在另一种自由审视下的我的自由的衰落。这里,存在与真实的外部产生了最大程度的不相容。而这又使我们面对自由合理性的问题:他者的存在难道不是对天真的自由合法性的质疑吗?这样的自由难道不是对自己的羞辱

---

① 《存在与虚无》,伽利玛出版社,Tel 丛书,1994 年,第 275 页。

吗？退回自己的范围,这样的自由不是对自身权力的篡夺吗？①

在列维纳斯和萨特的思想中,自由最终都奇怪地诉诸于他人的出现,只是出于相反的利益。对列维纳斯来说,自由,就它最根本的内在而言,始于对他人的责任,这种责任感先于其他一切要求、一切召唤,而萨特认为自由终止于对他人的责任。

卡夫卡的闯入与超越性

几乎没有学者会驻足留心于这样一个细节,那就是,在萨特与列维纳斯之间,存在着卡夫卡标志性的作品,这部作品更接近于萨特的思想风格,但它又同时兼具这两位哲学家思想中的一个共同点,那就是某种形而上的焦虑,这种焦虑不但是犹太人所有的,也是全人类的灵魂所共有的。我们几乎可以这样说,这两位哲人与卡夫卡的共通之处在于,他们都对此(这种形而上的焦虑感)闭口不言,或几乎对此闭口不言,却又达到了巨细靡遗、无声胜有声的效果。这种效果不是来自于

---

① 《整体与无限》,前揭,第338—339页。

距离感,而是相反地,来自于无法忽略的相近性。因为卡夫卡的作品超越了意义,超越了一切哲学。在《状况 I》中,萨特是这样反驳布朗肖关于卡夫卡的观点的:

> 我对卡夫卡没什么可评论的,我想说的只有这样,他是这个时代稀有的伟大作家中的一位。他是位先驱,以写作技巧作为对自身一种需要的回应。他向我们展示了这样一种境况,人永远纠结于一种不可能的超越之中,却又执着于相信这种超越是存在的。简单说来,这种超越性是人力所不能及的。人类的世界既有着虚幻的缥缈,同时又有着残酷的真实。①

这段话言语简单却意味深长,这不得不使我们想起列维纳斯《观念中的上帝》。在这本书的结尾部分,列维纳斯曾就这位布拉格的悲剧预言家做过批注,这批注虽然不在正文部分,却很重要:

> 说到具有圣经意味的道德寓言,我要说卡夫卡的作品构成了现代文学世界的"圣经"。

---

① 阿米那达,《状况 I》,伽利玛出版社,1947 年,第 139 页。

在将人们迷惑及疏离的权力、阶级与统治的迷宫与僵局之外,这部作品提出了人类的自我认同问题。它是指人在无罪的情况下,仍然受到控诉,这时人将如何自我认定的问题,也是人的存在之权利,人的未来纯洁性,甚至是人的存在的冒险性的问题。①

从这两段话中,我们可以看到列维纳斯和萨特在形而上学方面明显的共通性,尽管他们二人都没有明确说出超越性,以及"无罪的控诉"的概念,但它们却显现在字里行间,最终汇合于对拯救的期待中。而这种期待,不也是潜藏在字句之中吗? 另外,在1980年的一次访谈中,列维纳斯曾再一次提到卡夫卡:

那么,想想卡夫卡吧。他描绘了一种没有罪恶的负罪感,还有这样一个世界,在这个世界中,人们永远无法理解加诸于自己的指控。由此便诞生了生存意义的问题。这个问题不仅止于"我的存在是否正当合理?",还有:"生存是合理的吗?"这个问题至关重要,因为我们总是根据生存者来衡量善的标准。②

① 前揭,第257页。
② 与克里斯丁·德尚的谈话,《世界报》,1980年11月2日。

对列维纳斯而言,"生存是否合理"的疑问不仅仅具有伦理学上的意义,同时还颇有悲剧色彩,因为它迫使人们面对内心深处最本质的问题,"比600万死者活得更久,这样一种无法被证明其合理性的特权"①。

这种无法企及的超越性,在《城堡》,在《变形记》,特别还有《法律之门》的寓言中都可以看到。萨特尤其对《法律之门》中故事的结尾感到震撼。我们甚至可以想象,他细致完整地阅读了乡下人最终的那个问题,以及法律守门人最终的回答。卡夫卡提出了这个真正深邃的问题:"假设人人都如我这般渴望法律的话,那么为何没有人像我这样要求走进这道门?"②守门人以落下铡刀的形式作为对他这句话的回答:"这里,除了你,没人能进得去,因为这道门是单独为你而设的。现在我要走了,我要关闭这扇门。"③

萨特在《存在与虚无》中如是评论:"这便是自为的情形,如果还要有所补充的话,那么我们还可以说,每个人都为自己造了一扇门。"④然而,萨特的这段评论并不是所有诘问的终

① 《自我之名》,前揭,第142页。

② 《变形记》中再次使用,由亚历山大·威亚拉特翻译,伽利玛出版社,Folio丛书,1987年,第134页。

③ 系作者自己翻译,《诉讼》(*Der Prozess*),斯图加特:菲利浦·里克拉姆出版社,1997年,第198页。

④ 前揭,第595页。

73

点。他也无意于斩断其他可能的观点。每个人都是属于他自己的——在已经建立的、明确的自为状态下——自我之门反过来意味着一切本体论都是在自我批判,唯有面容的神显才能打破自为这一禁锢,建立互帮互助、我为他人的可能。所谓为他,本质为何意呢?它还是一种自为,只是在这种自为中,对他人的焦虑感先于自我的恐惧感。

萨特与犹太人

我们现在面对的是最重要的问题。

萨特与犹太人,这是使列维纳斯与萨特产生交集的原因。如果说,在纯哲学领域,萨特与列维纳斯思想上的区别是微妙的,而又不构成真正的对立,那么,萨特在犹太人问题上的最终立场,比如他在《希望,在今天》中所说的,他与贝尼·李维最后的对话,从中便能看出他与犹太哲学家思想家列维纳斯的互通之处。这里,我们要引述这段对话最开始也是最重要的一段:

让-保罗·萨特:犹太教隐含着现世之终结、彼世之降临的意义。这个彼世由现世而来,但是其中的事物却是以另一种方式组合构建。关于这个彼世世界,还有一个让我感兴趣的内容,那就是:犹太教的死者与其他死去的人都将复活,并且重返人间。与基督教的理念相反,当前的犹太人仅有墓地安葬这一种形式,并且他们认为人死后将重新复活,返回新的世界。这个新的世界即为终结。

贝尼·李维:你所感兴趣的是哪部分呢?

萨特:就是所有犹太人都或多或少意识到的这个终极目标,人类将因这个终极目标而迎来解放,这个终结既具有社会深层的意义,又带有宗教含义,并且只有犹太民族……

如果你同意的话,这个终结也就是我为他人这个时代的开始。也就是一个道德的终点。或者,更确切地说,是道德性。犹太人认为这个末世,以及由此世而来的另一个彼岸世界的出现,就是人与人互帮互助的伦理世界的开始。①

接下来的对话更为惊人,其中,贝尼·李维特别强调了一点,伦理并非最终目标,犹太人概念中的终极世界及其结果是

---

① 《希望,在今天》(*L'espoir maintenant*),1980 年谈话集,拉格拉斯,维尔迪耶出版社,1991 年,第 76—78 页。

救世主时代的降临,而萨特并未注意李维的这个观点,他执着于自己的思路,接着说:"犹太教的任务在于找到终点,此时,所谓的道德即是人人互助的这种存在方式。"①

这几页的内容让所有人困惑于其中。我个人所要提出的问题是:难道萨特最终转向了列维纳斯主义吗?

总之,萨特认为犹太人的任务在于等到救世主的降临,而对于非犹太教人来说,这个可以与等待救世主划上等号的任务就是革命。犹太人是最早具有这样一种理念的民族,他们认为历史可以,更准确地说是应当有一个出口,这个出口将借由某个超越性的事件,而非一般概念下的末世来实现。伴随这一开端的是真正意义上的救赎。当然,这是历史的救赎,然而又是在历史之外的救赎。对于犹太人和非犹太人这两类人群而言,萨特的政治斗争与革命斗争是否应当被视为救世主降临的世俗化表现呢? 如果没有贝尼·李维的解释,谁又能理解此中之意呢?

我们了解摆在面前的是一个极为严肃的问题,黑格尔提出了历史整体性的概念,而以色列不包括在这整体性的人类

---

① 《希望,在今天》,1980 年谈话集,拉格拉斯,维尔迪耶出版社,1991年,第 78 页。

历史当中,个中原因不在于随意为之,或是某些决断者单方面的决定,而是因为黑格尔自己特别将犹太民族的历史摒除在外。萨特对于历史之意义的质疑用诗人策兰有力的词汇来讲,是一种"换气"(Atemwende),这个词近来被翻译为"气的逆转"(renverse du souffle)①。

在《关于犹太问题的思考》中,关于犹太历史的问题,萨特的回答是:犹太人没有历史。他所理解的历史,是黑格尔定义下的历史,也就是占据一方领土,拥有历史合法性以及事实上的政治合法性。萨特没有考虑犹太人历史状况的合理性,这是一个散居各处的民族,流亡的民族,没有家园,但至少是由地缘政治和流亡的事实因素聚合起来的民族,他们拥有共同的命运。

对于这个存在主义并且是持无神论观点的存在主义哲学家来说,犹太民族没有历史,然而,至少存在的是,并且深深存在的是犹太民族的共同命运!在与一些主要的犹太思想流派背道而驰的情况下,借由与克劳德·朗兹曼、贝尼·李维和养女阿勒特·艾尔卡姆-萨特的交流,让-保罗·萨特应该得出

---

① 《气的逆转》(Renverse du souffle),由让-皮埃尔·勒非布瓦尔翻译,瑟伊出版社,2003 年。

自己的观点是错误的这个结论。这样一来,他对贝尼·李维所说的话语也就解释得通了,他说:"因为持不同的历史哲学观,因此有人认为犹太历史存在,有人认为它不存在。然而,犹太历史还是存在的,这是肯定的。"①

萨特最终还是坚持着自己的逻辑观点,同时接受黑格尔关于"试图摆脱犹太人"的假设。犹太人逃脱了黑格尔所强加给西方世界的历史概念,与胡塞尔同时期、写出杰作《拯救之星》的罗森茨威格尤其对整体性以及历史整体性的概念进行了批判。

在《整体与无限》中,列维纳斯宣告了自己与黑格尔历史哲学观的决裂。

马尔罗、萨特与犹太人

究竟是什么原因使得犹太民族,从犹大时代的流放、耶路撒冷圣殿在公元 70 年被捣毁开始,在散居各地的过程中没有真正意义上的共同历史呢?就这个问题,萨特有一个重要的回答,在这个回答中,他不但涉及了列维纳斯不断发展的犹太历史的概念,还提到了马尔罗关于犹太民族的观点。

---

① 《希望,在今天》,前揭,第 74—75 页。

毫无疑问的是,萨特与马尔罗至少在一个问题上达成了一致:就是他们二人与犹太民族即以色列的关系。萨特回答道:"认真思考的话,我认为犹太人的根基在于,数千年来,他们始终只信奉唯一真神,这是个一神论的民族,这一点使它与其他那些多神教的古老民族区别开来,基于这一特点,犹太民族是绝对重要的,并且独立的。"①

我暂时转向马尔罗关于犹太民族与上帝的特殊关系的论述上,在 1956 年(当时以色列建国还不足十年)发表的一部名为《以色列》的作品的前言中,马尔罗这样写道:

> 在对待上帝的问题上,以色列或许是所有东方国家中最严肃认真的一个。[⋯⋯]这个民族[⋯⋯]在千年的召唤下凝聚起一种极端的理性主义精神[⋯⋯]这个上帝所选择的受迫害的民族在理性之上更加重视正义,尤其是在面对国家利益时。[⋯⋯]没有《圣经》,没有《圣经》所象征的神性,也就没有以色列这个国家。②

---

① 《希望,在今天》,前揭,第 74—75 页。
② 《以色列》,由尼古拉·拉扎尔选编,伊兹斯插图,洛桑,克莱尔封泰尔出版社,1956 年。

在前面引用的萨特的文字中，并没有出现"以色列国"这样的说法。但是马尔罗关于这个民族与唯一真神上帝（*Hashem*）的特殊关系的观点，却与萨特惊人地一致。只是萨特比马尔罗更加清楚明确地表达出来罢了。要知道他们二人都参考了所谓的"神圣历史"的概念，就像列维纳斯自然为之的那样。

与贝尼·李维的对话

列维纳斯思想下的神圣性历史，与萨特在和贝尼·李维的对话中所提到的犹太人的"形而上特征"具有一致性。"形而上特征"，从本质上来说与宗教性、超越性是不可分的，或者我们可以说，它与上帝的概念相连。

我们清楚地明白，这里所说的萨特与列维纳斯对话的集合点，也正是对黑格尔的主要批判。在评论萨特的三篇文章中，列维纳斯写道："如果犹太历史存在，那么黑格尔的观点就是错误的。然而，犹太历史是确实存在的。［……］"列维纳斯还补充说：

犹太民族的历史，其重心始终在于建立国家的希望

80

上，这一历史会使萨特头脑中形成对黑格尔式逻辑下的宏大构建的质疑，这样一来，不也同时意味着国家不仅仅建立于纯粹政治的历史上，或者说战胜者的历史上？这一计划（即建立犹太民族国家），绝不是国家特殊主义的象征，而是为艰难的人类境况开启了一种新的可能。①

犹太民族的命运为人类提供了一种道路，这一观点不仅仅集中体现于萨特与贝尼·李维的对话中，并且也是他思想的延伸。萨特是否如列维纳斯那样，将犹太民族的命运视为一种普遍的范式？

从战前对犹太历史的存在感到质疑开始，萨特的思想发生了多大的变化！1947年，列维纳斯在《汇流》杂志一篇名为《生为犹太人》的文章中谈到，他理解年轻的萨特对犹太历史本质的质疑，并且以早于30年的预言称，萨特最终一定会了解到犹太人历史的复杂性，他是这样写的：

> 如果情况仍旧如此，即犹太历史存在的事实为假，它的本质仍然无法确定，并且需要从萨特的理想构建中

---

① "一种我们耳熟能详的语言"，载《历史的不可预计》，前揭，第128—133页。

选择其一作为其历史的话,那这样的历史是无法想象的。它本身没有神圣性的历史,它的神圣性历史是后来添加的;而事实是,它本就如此,它本就具有神圣性历史。①

换言之,犹太民族就是世间宗教奇迹的入口;或者用更好的话语来表达,它使一个无宗教的世界成为不可能。

我不知道萨特是否读过列维纳斯的这段话,但与贝尼·李维对话之后的萨特如果读到它,一定会感到震惊,似乎这段话给他以新的方式来思考解读犹太宗教,与神圣性历史无法分割的犹太人的存在,正如列维纳斯在这里所说的,"使一个无宗教的世界成为不可能"。

无宗教的世界,这句话中还可以有另一重分析,因为"使无宗教的世界成为不可能"这一说法不但存在于犹太教,也存在于奇妙的印度教。犹太教是否还包含着另一种性质,即宗教人物与圣人似乎都是一种被强迫的角色? ——确是一种必要的强迫。

犹太人的境遇似乎带有一种无法被超越的体验,这种体

①　《汇流》,第15—17期,1947年,"犹太总结",雅克·卡尔米,在《列维纳斯研究集》第1期中再次出现,耶路撒冷(维尔迪耶出版社),2002年,第99—106页。楷体部分系列维纳斯所言。

验我们可以用列维纳斯的语言表述为,人的无条件。这里,我们重新也是最后一次回到列维纳斯这段简短却重要的话语当中。在这几页文字中,他以强有力却又高傲的姿态对犹太相异性的本质进行了分析,这种相异性的本质正如他所说的,是"作为事实的个性和自由的人的状况的完成"。

这段文字是列维纳斯在 1947 年,即萨特的《对犹太问题的思考》发表后写下的:

> 犹太历史的特殊性就在于它是与没有起源、只是存在的世界的决裂。这个问题的维度是萨特没有觉察的。它不是从神学角度,而是从经验的角度提出的。它的神学观只会更加凸显犹太历史的不自然性。
>
> 具体来说,每一个犹太人都体验着这一维度,即形而上的生存的维度。①

说得真好!不可否认的是,晚年的萨特应当不是觉察,而是可以从形而上的角度理解犹太人的存在。

我们带着这种新思路来看待两位哲学家之间的关系,毫无疑问,我们的观点一定过于狭隘。让我们读一读萨特与贝

----

① 同上,第105页。

尼·李维对话中的神学-政治观的思考,这些思考似乎可以被看作是对列维纳斯文字的回答,其中还包含了对犹太历史的观点,即"此世的结束",伴随着死者的复生。

犹太人观念中时间的终止其实类似于一种新的创造,这一创造在救世主降临的启示这一信念中得到孕育,世界将得到拯救,整个人类将感谢上主,同时得到这样的讯息,即在拯救人类的蓝图中,犹太人是上帝真正的使者。拯救同时伴随的是整个社会的重建,具体说就是整个世界的和平(shalomisation du monde),在这样一个世界中,人与人之间的和谐与友爱将无时无刻、不分昼夜地存在下去。

至于以色列,正如《塔木德》的《塔木德之大议会书》(Sanhédrin)篇①所言:"整个以色列会加入即将到来的世界。"——国家的所有正义者将汇聚在一起。

令萨特感到高兴的是,一方面,犹太人对于死者的观念是,人一旦死去,只有在死亡中等待最终救赎的命运,另一方面,天堂中的耶路撒冷(这里我们使用了一个更偏向基督教,而非犹太教的词汇)就在此岸世界,在当然是得到救赎的人类

---

① 《塔木德之大议会书》,耶路撒冷,斯坦萨茨,以色列犹太研究所出版社,1982年,90a。

当中。弥赛亚的时代不在地球与火星之间,不在苍茫的琼宇!而就在这具体的世间,在这里,全人类的和平将最终代替导致一切仇恨与暴力的两枚种子,愚昧和贪念。

3

死亡与他者
或与马尔罗的对话

死亡是什么？为什么会存在死亡？这两个问题，任何宗教都没有给出解答——也无法给出解答，只有佛教可能是个例外。因为这些问题从本质上说是无解的。基督教和印度教都尤其关心这两个问题，它们的观点是死亡仅仅是一种通向天堂生活或灵魂转世的过渡，但尽管有此种说法，对这一过渡所无法回避的神秘性它们还是敷衍塞责。重生这一信仰对死亡太过仓促，也太过肤浅地带过了死亡只是让灵魂或无法言说的某种事物以另一种形式生活的过渡这一事实，死亡带有无法参透的意味，是一种终结——一道深堑。我们很惊奇地发现，基督教与佛教，尽管这二者如此不同，却在某种程度上一致认为死亡是过渡到另一种生活的概念。

对某种救赎或信仰的执着，不论形式是什么，我们无法否认的是,它都是一种对于生命的回答,死亡之后的保证。死亡的神秘感不因任何原因而有所减少,不存在任何永生的保证。卡夫卡提出了这样重要的问题:"思考某种无法得到安慰的事情,或者更确切地说,某种无法安慰的、丧失了慰藉的叹息的事情,这是可能的吗?"①然而,天空露出绝望的空洞与沉默——或者说可怕。想想珀肯(Perken)吧,在《王道》的结尾,呼喊着"任何神圣的思想,任何未来的补偿,任何事物也无法证明人的存在的终点"。

尽管如此,死亡永远的不可参透性并不是对信仰的一种否定,也不是对信仰者的威胁。死亡只是一个任何上帝、任何预言家、任何弥赛亚也无法回答的问题。可是,又有多少宗教试图独揽死亡的神秘,似乎它们找到了解开答案的钥匙? 谁又能反驳我们之于死亡的关系这种客观性的自在是无法参透的呢? 在《逻辑学研究》中,胡塞尔写道:"如何理解客观性的自在通过呈现而能够重新变成主观的事物?"②

对于那些声称死后万事皆空的人来说,问题也是如此。这里,我想重复在我最初见到列维纳斯时他曾告诉我的话,这些话强有力地提出了我们所面对的大问题:

---

① 《日记》,载《马尔罗全集》第 3 卷,伽利玛出版社,七星文库,马尔特·罗伯尔翻译,第 441 页。

② 这段话经列维纳斯翻译,出现在《观念中的上帝》一书中,第 42 页。

在整体上，人们讲：死亡，正是否定。这不是一种否定，因为它是一种神秘。这完全不是因为在死亡后没有生命，而是人们不能给出任何延存或者复活的希望。复活的理念也太容易认为死亡什么都不是。死亡是什么，人们并不知道，因为这就是神秘的一个绝佳的例子。讲到死亡，就是放弃所有的逻辑。这并不仅仅指的是人们会死的事实。人们希望用来划定死亡的所有逻辑的形式，都会在死亡的事件之后消失，如果人们想描述死亡的话。

问题在于了解一种真正的信念是否能够与死亡问题的客观性相容。所有经真理本身孕育，因此在本质上带有主观性的具有启示意义的宗教信仰，通常对无宗教信仰者、怀疑主义者和持不可知论者那些最轻微的质疑都无法做出回应。在《拉扎尔》中，马尔罗对无法避免的神秘的死亡进行了思索，换言之，他想知道死亡是否有解。"启示便是任何事物都不能被启示。"①但是，是什么促使他写下了这样深刻的思想呢？在他写下这本关于不可想的、"无形无名"的死亡的书时，他还想

---

① 《拉扎尔》，载《马尔罗全集》第 3 卷，伽利玛出版社，七星文库，1989年，第 877 页。

到些什么呢？这里只能是指他用了大写的宗教意义上的启示（Révélation）——我们只能认为如此。但是，我们难道不能更深入一些分析他的条理，从而确认"任何事物都不能被启示"已经是关于死亡的启示的开端？这是以悖论形式呈现的启示，意在任何事物都不留待启示。

死亡问题所迫使我们面对的客观性是，或者说本应当是与信仰的主观性一致的。死亡在本质上是一种爆发，一种对存在、持续与意识的决裂，一种时间的终止。就其本身而言，死亡是不可想象的，我们正是带着这样的客观性试图承认它的不可想象性，这种不可想象性总在一瞬间让我们从对信念的思索中挣脱。死亡是对模糊性的一大驳斥。人们只有在一种清晰对话的条件下才可以达到相互了解。而我们了解上帝比了解死亡更多吗？这就是相对性的问题——不是指信念，而是情感，这种情感通常支撑着信徒，使他们相信自己是真理的掌握者。"我们对上帝一无所知。但是这个不知是对上帝的不知。这个不知，是我们认知上帝的开始。"这是罗森茨威格在1918年《拯救之星》①的第一本书中写下的，我们也知道这本书对于列维纳斯的思想，尤其是他关于整体性的思想具

---

① 瑟伊出版社，1982年版及2003年版，翻译自德文，译者为亚历山大·德尔克桑斯基，让-路易·施勒格尔。

有积淀意义。罗森茨威格的这句话被视为是非模糊概念的基础,这个非模糊概念将导致信徒与怀疑论者即无神论者之间友好对话的实现。"我们对死亡一无所知。然而这个无知是认知死亡的开始。"罗森茨威格的话与马尔罗关于死亡之绝对神秘的观点,即"启示便是任何事物都不能被启示",难道没有联系吗?

1975—1976 年是列维纳斯在索邦大学最后一次开课,他的课程名为《死亡与时间》,其间他对死亡问题进行了极为深入的剖析。[①]

在上一章中,我试图表达,在列维纳斯对卡夫卡保持沉默(他对卡夫卡评价甚少可以作为证明)的背后,实际上却存在着二人思想的无法言说的相近性,马尔罗与卡夫卡之间不也存在着这样看似不可能的联系? 即描述世界的荒谬,正如这位布拉格的预言家觉察到了这种荒谬,但他究竟是用何种方式觉察的却又是神秘莫测。

在《日记》中,犹太作家写道:"'假设……你将死去'意味着:认知既会将你引向永生,同时又是横亘在这永生面前的阻碍。"[②]

---

① 参考《上帝、死亡与他者》一书,前揭,第 46 页。
② 《马尔罗全集》第 3 卷,前揭,第 469 页,这里基本照搬原文意思。

"不启示"与"任何事物都不能被启示"是否构成矛盾呢？这里不仅仅牵扯到预想的问题。我们被这句话的终极意义所感知并超越。即便在形而上或非神学领域，《拉扎尔》中的思想并不在于震撼信徒和非信徒读者或向他们提出疑问，尤其是当马尔罗涉及死亡，而非其他问题时。人们期待他写下这样不可知论的文字："启示便是任何事物都不能被启示。"正如我们所说的，他写下了任何事物都不能被启示的话语。这样我们就处在一个问题之中，如果我们不称其为疑难的话，因为这样的表达还可以自相矛盾地理解为有些事物留待启示，有什么不能留待启示呢？这是与卡夫卡相似的问题。这个属于死亡神秘范畴的"无法言明之物"，是否只属于死亡呢？还是说在马尔罗的思想中，这构成了启示的可能性前提，这种启示不单单属于空想的范围——似乎死亡的终极秘密在于没有秘密可言？我们讲的是超越性的问题，超越性"超越了人"，换言之，就是"人的认知无法获得之物"①。

可以肯定的是，马尔罗明确划分了不可认知论与无神论之间的不同，他将它们与信仰并列而置，他所认为的不可知论至少是这样一种观念，它不断然否决信仰存在的可能性，只是

---

① 安德烈·马尔罗，《目光的变形》(*Les Métamorphoses du regard*)，克洛维·普列沃斯特的节目(爱蒙·马特，INA，1974 年)。

承认尚未感知到信仰。他说：

> 持不可知论，即是认为人类思想与绝对超越性的观念之间没有可能的联系。这绝不意味着不可知论者即为无神论者，因为无神论意味着：宗教信仰是错误的，不存在所谓的超越性。我从不认为超越性不存在；我认为它在根本上是存在的，人只有在与极为多变的，特别是有宗教性质的超越性相连时才能成为真正的人；历史上的伟人均与超越性有关联。[①]

列维纳斯如果读到这些，难道他不会感受到自己的思想与写下《人的状况》的马尔罗的思想之间的联系吗？他们观点之间的联系不止一处！他们不都认为"人可以为他人牺牲"吗？用康德的语言来表述，这些话语是马尔罗对于不可知论这一现实的"经验主义统觉"的精粹提炼。1974 年，马尔罗再次详细叙述了自己对于这个问题的思考：

> 我认为在认知的性质与超越性的事实之间，有一种绝对的决裂。这就是说我是绝对的不可知论者，恰如圣托马

---

① 电视系列节目《世纪传奇》。

斯,他曾说:"只有用信仰建立起的宗教。"因此,如果你有信仰的话,那么它就存在;如果你没有信仰,那我想一切理性的尝试都将失败:超越性的逻辑不同于理性智慧的逻辑。①

　　死亡是一种神秘,谁又会否认这一点呢? 它与生物性的生命是一致的,这一点也无人质疑。但是这一点会使死亡更加容易被接受吗? 对于马尔罗而言,抱持不可知论并不意味着相信虚无。相反地,它与死亡的不可想象性是对立的,不可知论使人们"用信仰的力量"感受到这不可想象的死亡。列维纳斯也抱有这种思想,他认为"死亡不等于虚无。人之为人的状态使人们不成为属于死亡的存在"②。但列维纳斯之所以拥有这种思想,则另有原因。

　　我记得他曾给过我的关于死亡问题的回答,这是一个根本问题,先于并且引导出其他所有的问题。"当我说死亡不是虚无时,这丝毫不意味着在存在与虚无之间的对立。并不是有被排斥的第三方,而是仿佛曾有过被排斥的第三方。思考虚无与不存在,这不是一回事。"

_____

① 法语国际电台,雅克·尚赛尔节目,1974 年 3 月 7 日。
② 《上帝、死亡与时间》,前揭,第 67 页。

列维纳斯认为在死亡的问题中,"永远有着存在与非存在之间无法解决的选择。还有:这个选择与被排除的第三方以及不可想象性之间的选择,死亡因这个选择而变得神秘,成为彼处的未知。"①

马尔罗是否在试图让与他同时代的人以及后代人逃避这个大问题呢? 在《炼狱的镜像》结尾《拉扎尔》的倒数第二页,他问道,如果未来"在准备好要聆听的人们面前,最后一位先知对着死亡呼喊,没有虚无!"将会发生怎样的事情。

这样的呼喊证实了马尔罗与列维纳斯思想的相关性,列维纳斯对于希伯来文献及犹太教堂传统的细致研究,都使人感受到他身上所具备的不可知论的宗教思想,而马尔罗身上所具备的是宗教的不可知论思想。我们怎能忘记他对"不可知"一词的定义,暗示的意思则是"一种从未企及的认识,但由谁来拓展我们的认识呢?"②这意味着什么呢?

有些人在马尔罗的作品中看到宏大的悲歌,然而事实上,它是对生命之神秘的无尽唱颂,对"第一个婴孩的第一个微笑"之神秘的唱颂。对于死亡的执念应该被理解为对生命的执念的反面。75 岁左右的马尔罗,在《脆弱的人与文学》结尾

---

① "爱与启示",载《现世的仁慈》,前揭,第 142 页。
② 《马尔罗全集》第 3 卷,第 874 页。

的宏伟篇幅中写下:"死亡是无法被战胜的神秘;生命是不同寻常的神秘。"两种神秘合二为一,共同追问意义之问题。这也是马尔罗所有作品中突出的主题。提及死亡,无时无处不在的死亡,像是那根著名的刺棒一样,这对马尔罗来说是最好的赞颂生命的方式,因为只有深入探寻幽暗的神秘,夜晚的迷宫,生命才能呈现它奇迹般的无法磨灭的壮阔。

生命的神显

生命存在的正义性一直困扰着列维纳斯,这是个悲剧问题,因为在他内心最深处的良知总是质疑着"比 600 万犹太死者存活更久却无法证明其合理性的特权"。"存在是合理的吗?"马尔罗的作品中虽然也涉及到了生存合理性的问题,但他并没有发出并困扰于这样悲剧性的诘问。在《人的状况》中,齐悠问了这个问题:"在并未接受死亡的情况下死去,这种生命的意义究竟是什么?"①但是,马尔罗笔下的人物和他自己都体验到了面对生存这一状况下的原始的错愕,这种情绪正是他沉迷于靠近死亡以重返生命的状态的原因。正如1934 年,他驾驶飞机与朋友、飞行员科尔尼格里翁-莫里尼一

① 伽利玛出版社,Folio 丛书,第 304 页。

起在也门上空寻找古代示巴女王的首都,回来途中遭遇飓风,还有 1940 年从俘虏营逃回,以及 1972 年的身染重病,他在《拉扎尔》中讲述了这个故事。马尔罗把这些死里逃生的经历都重新放在《圣经》时代中,好像伊甸园中的亚当,第一个人在"凝神观照第一个孩子的第一个笑容"。只有在这种时刻,我们才会像在《创世记》中那样好像第一次看到所有的事物,一切都是那样惊异的呈现![①] 他们不是上帝创造的结果,而是人的面容与一切人性印记的神显,一切重复也都成为了新的开始,代表着新的启示,对生命的启示。持不可知论的马尔罗与信奉犹太教的列维纳斯,他们的思想在同一个词语上汇合,那就是"神显"。每一次重返人间对马尔罗而言都是一次神显,而列维纳斯伦理哲学的根基也在于"面容的神显"。

在《炼狱的镜像》结尾,有一段我认为至关重要的文字:

> 我的回忆总是停留在我重返人间的经历上——在飓风和逃离俘虏营事件后,在维斯特拉、西班牙和抵抗运动这样的时刻,这些时刻都是神显的时刻。对于死亡的无知的变形,对于信仰的一切认知的变形,不都是类似于一

---

① 这是塞尔吉奥·维拉尼于 1996 年在巴黎索邦大学举行的马尔罗逝世 20 周年研讨会上的发言,名为"马尔罗-以色列:重返创世记"。

种神显吗？我在人间之外的游离也同样是一种黑暗的神显。启示便是任何事物都不能被启示。不可想象的未知无形无名。①

马尔罗是不是在《拉扎尔》中第一次明确提到了"神显"一词呢？

在进入萨勒贝特里埃医院之前的所有"起死回生"在某种程度上印证了光明的神显，每一次马尔罗都是屹立挺过，他战胜了自己的命运。《拉扎尔》中的那次经历是命运加诸于马尔罗身上的，唯独这一次死亡的逼近不再是因为外部的某种因素，而是内心：他只能依靠药物和生物疗法。在这本回忆死神逼近的书中，我们可以清楚看到"重生"在这里充当了"神显"的角色。再看列维纳斯，从《整体与无限》到最后的《相异性与超越》，他不是也在不知不觉中塑造着拉扎尔式的印象吗？

我们有没有可能错误理解了，或更糟糕的情况，错误推导了他们各自的思想？我试图从马尔罗的基本经历中看到伦理的涌现。这样，伦理哲学家列维纳斯就与"试图让人们意识到自身伟大"的作家汇合了，只有回到某些具体的词汇，我们才能找到他们思想的共通性。但我们至少承认的一点是，这是

---

① 《拉扎尔》，前揭，第 877 页。

深邃思想在顶峰的汇合，因为这些引起我们思考的词汇是那样的尖锐，以至于我们无法绕过它们。毫无疑问，为了使这场虚构的对话成为可能，我必须在了解马尔罗之后，对列维纳斯这位具备灯塔式意义的思想大师有所了解，他赋予罪恶感以积极的意义，伦理学在他这里不再仅仅是哲学的旁支，而是第一哲学。

我们来看《整体与无限》的这几行文字："神显的面孔在那些看向我的眼睛中打开了人性[……]面容的神显即为伦理。"①再看《存在的彼在或在本质之外》："启示的超越性显现于此，'神显'来自于接受启示的人的话语。"②

从这两段文字，我们可以看出列维纳斯将神显置于何等高度。它不仅仅是一种"灵性的显现"，而类似于一种启示，如同他补充的，对无限的启示。在"面容的神显"这个概念下，列维纳斯所面对的不单是某个个体本身，因为他明白人类的面孔负载着全部人性与无限的痕迹与影像。

在纳粹集中营和如今已改建为纪念馆的柬埔寨吐思廉屠杀中心——也许未来还会有卢旺达或南斯拉夫种族灭绝纪念

---

① 《整体与无限》，前揭，第 234—235、218 页。
② 《存在的彼在或在本质之外》，前揭，第 234 页。

馆——照片上的每一张面孔，袒露在众人的目光下，代表了几十和成千上万的被害者，其中很多人的历史已经消失得无影无踪。正是在这个意义上，我们才说每一张面孔都代表着整个世界。在列维纳斯的形而上学中，面孔是一切概念的起点，无可分割地伴随着伦理的话语。

如果对列维纳斯而言，"神显的面孔打开了人性"，那么在逃出俘虏营后，生命的神显也向马尔罗敞开了人性的大门。顺着这一缺口，我们一定能够发现二者的共通。《阿腾堡的胡桃树》的精彩结尾属于马尔罗小说的风格，而《静默之声》的结尾与《无时间性》的结尾则是讨论艺术。三者都与贝多芬《第九交响曲》的结束曲《欢乐颂》以及勃拉姆斯《第一交响曲》的首章有着异曲同工之处。

马尔罗以慷慨激昂的笔调描绘《圣经》般宏大的意象，土地、天空及其他元素有机地结合在一起。他的作品中充满着沉重的焦虑感和与之相比毫不逊色的狂喜之间的斗争，或许在关于伊甸园的幻想中，在人类对死亡尚未知晓前，狂喜反而先于焦虑。在《阿腾堡的胡桃树》中，马尔罗使用了充斥着宗教色彩的词语来表达重返人间的心情："今早，我刚刚来到世间。[……]从深夜中升起了奇迹般的白昼的启示。[……]生命在今天早晨第一次向我发出启示，它同黑暗一样强烈，同死亡一样强烈……"

这场经历具有决定性的意义,生命之光明的启示,冲淡了经历本身发生的原因,即马尔罗落入深坑。他毫不掩饰地写道:"我勉强记得那种恐惧:我发现了一个简单却又神圣的秘密。也许,上帝看了第一个人……"①

他强烈地感受到自己是一个死而复生者,这是灵魂真正的感觉,这样的感觉呼唤着他在清晨"眩目的神秘中"重生。这段文字有强烈的超越性在其中,但这种超越性不是指上帝的启示,而是马尔罗所说的人性的神显,人性对他的显现并不仅仅是"上帝最初创造天地",也是"创造埃罗金"②。这样,马尔罗就与列维纳斯的思想再次有了强烈的共振,它们共同指向时间的起点,《圣经》的晨曦,夏娃面对亚当而立,而重点不再是她的赤裸,而是她的脸。

超越性只能通过面容来表达。面容并非用来证明上帝的存在,而是在不可避免的时刻用来象征上帝这个词汇。

它也代表第一声祈祷,第一次礼拜。这种超越性伴

---

① 《阿腾堡的胡桃树》(*Les Noyers de l'Altenburg*),载《马尔罗全集》第2卷,第765—766页。

② 参考让·扎克拉德,《论伦理学》(*Pour une éthique*),拉格拉斯,维尔迪耶出版社,1979年。

随的必然是伦理价值,这样的伦理价值要求人们对他人具有责任感,同时思考不平等问题[……]。这种无法让与的责任感,在面容的神显中与主体我合一[……]①

我们怎能否认在《阿腾堡的胡桃树》的结尾,在"《圣经》的晨曦"之中的马尔罗,毋庸置疑在强调"第一次礼拜",并且被感受到的启示的中心是围绕着面容的神显?只需稍加思索,那么之前他所认为处于中心的事物就会有所改变,伦理情感在召唤着他:"一个隐晦的微笑,便再次显现出人的神秘,土地的重生只不过是战栗的矫饰罢了。"②马尔罗总是回到人的神秘性上,因为世界、生命、上帝本身:都是人本身。重新发现生命,如果不是指重新发现人,又能指什么呢?

《拉扎尔》中的故事,也是"不可想象性的神显",这也是马尔罗所有接近死神的体验中最特别的一次,因为正如我们所言,马尔罗被迫承受命运,而不再主宰其命运,因为这一次的敌人来自内心,潜伏在它身上,直达最深处,无法驱散,与他本身的生命化为一体。在萨勒贝特里埃医院的病房中,逃脱死亡的他所面对的不是上帝,在《出埃及记》(第33章,第20节)

---

① 《主体之外》,口袋书出版社,Biblio essais 丛书,1997年,第130页。
② 《马尔罗全集》第2卷,第767页。

中,摩西用一句典型的诗文告诉人们,这是不可能的事。以色列的上帝——耶稣的上帝和穆罕默德的上帝——对他说:"你不能看见我的面,因为见我面的人不能存活。"马尔罗所注视的是死神,或者说,他所注视的是"黑暗的神显"。但是这一点我们已经有所疑问:如果将死神与上帝放在一起看,那么死神比起超越的、不在场的,甚至是"不启示"的上帝来似乎更加熟悉? 他两次真真切切地与死神面对,一次是在格拉马的行刑队面前,另一次是大约 30 年后,在萨勒贝特里埃医院。这已经不只是对死亡的模拟演练。与这两次经历相比,从示巴女王的都城回来遭遇飓风以及掉入坦克团的深坑,在这些事件中马尔罗体验更多的是对死亡的焦虑感,而非死亡本身。

我们需要再次回到《炼狱的镜像》结尾的中心段落:"……我游离于世界之外同样体现出黑暗的神显。启示便是任何事物都不能被启示。不可想象的未知无形无名。"

对"启示无形无名"的肯定,以及"任何事物都不能被启示"意味着什么呢? 我们可以这样设想,这是否是指一种宗教启示——从广义上说——或者仅仅是在死亡范畴内的启示,因为人对于死亡没有经验式的认知? 这当然是涉及到死亡的问题,但是除了启示,马尔罗也像其他人一样,看到了"黑暗的神显"。再没有哪个时刻,使马尔罗如此近距离地触碰"伟大的带有预示性的死亡的深邃",他在《拉扎尔》中仍然这样说①。他感受到了被他"忽略的一个状态",这个状态下的故事完全基于未知。不再是坦克营的深坑下的奇迹那样的抒情,也不再是从示巴女王都城的归来,而是以纯粹的故事试图最近距离地尽可能孤立地描述他所经历的极限体验。《拉扎尔》的整篇故事中不断徘徊的是"带着白色面具的死神",这样的死神也出现在圣-约翰·珀斯的《昼夜分时之歌》(chant pour un équinoxe)中。与马尔罗同病房的室友死去了。在经历过"重生"后,便是"可怕的模糊"。

《拉扎尔》散发出一种几乎佛教式的宁静气息,马尔罗正是在这样的气氛中谈论着死亡的问题。我们已经分析过,马尔罗的不可知论完全不等同于否定一切通往超越性的事实。他的观点正好相反。他无法信仰的那个"上帝"是只能在显灵或化身这样的神圣性中才能被理解的上帝。我们甚至猜想,他曾经对列维纳斯的某部作品产生过兴趣。一些学者②进行过这一尝试,甚至可以说这种企图,试着在两者中找到交集。

---

① 《马尔罗全集》第3卷,第838页。

② 这些学者包括玛丽-艾莲娜·勃普莱-维阿尔("20—50年代小说",载《20世纪小说研究》杂志,安德烈·马尔罗专刊,1995年6月),凯伦·李维(《安德烈·马尔罗,一个时代的另类》[André Malraux. D'un siècle l'autre],伽利玛出版社,les cahiers de la NRF,2002年),还有专从哲学角度进行分析的,让-皮埃尔·扎拉德(《马尔罗或艺术思想》[Malraux ou la pensée sur l'art],伊利普斯出版社,1998年)。

列维纳斯关于上帝的思想可以被认定为是一种不可知论的思想，一种反宗教的思想，或者是一种去掉了神圣性的宗教思想，而相对地，这种思想却又建立在神圣性的基础上，而神圣性是人与除他之外的一切事物建立真正联系的终极目标。在列维纳斯眼中，以色列的上帝，即《圣经》中的上帝，从根本上说是一个伦理学意义上的上帝，他更多地是通过他人的面容得以显现，而非宗教礼仪或人与上帝面对面的沟通。

我总认为隐形的上帝不仅仅是一个非主题化的上帝。这个否定的概念中有什么肯定的含义呢？当我转而面对他人，我得到召唤，不能放弃他人于孤立。这是对我的坚持存在的一种逆转。这便是上帝开口的时刻。①

列维纳斯的《整体与无限》中有一篇关于外在性的重要文章。马尔罗应该会发现，其中不只一条分析、一种方法与自己所研究的问题相似。列维纳斯写道：

一种与神性的联系——却又独立于一切神性之

_____

① 参考施洛莫·马勒卡，《解读列维纳斯》(*Lire Levinas*)，雄鹿出版社，1984 年。

外——便是社会性的联系。此时,神性变为了他者,向我们索求,召唤着我们。他者与我们的接近,同胞与我们的接近,在人心中不可避免地成为了启示的时刻,成为了绝对存在为自己表达的时刻(这种存在摆脱了一切关系束缚)。①

在接下来更加深入的分析中,列维纳斯将侧重点放在了哲学中的无神论上,他在这里所写的也可能是马尔罗这位不可知论者思想的表达:

形而上学者的无神论的积极意义是,我们与形而上学的关系是通过伦理的方式,而非宗教神学或某种主题的方式来表现的。这种伦理学也是一种认知,类似于我们对上帝的认知。上帝处于至高点,他最终的显现代表着予人类以正义。②

于是我们明白了这个观点的出处:如果说上帝代表绝对的不可知,那么他正是通过人类的神圣性得以显现,他显现于

---

① 前揭,第 76 页。
② 同上。

人类本身,仍然不可超越。对列维纳斯而言,伦理并非通往我之外的一切的途径,它是使超越性成为神显的绝对所在。

自《存在的彼在或在本质之外》这本被认为是其哲学名作的首页起,列维纳斯就写下了这些中心思想,这些为他的超越性概念起到奠基作用的文字,这个概念不再来自奥古斯丁或康德,甚至也不是柏格森的:

> 如果超越性有一个意义的话,那么它只能代表这样一个事实,就存在的事实(l'événement d'être)而言——就本质(essence)而言,过渡到存在的他者的事实。[⋯⋯]存在或不存在——这不是超越性的问题所在。存在的他者的话语——存在的彼在的话语——似乎在将存在与虚无分开的事物之外表达了一种不同:具体来说就是彼岸的不同,超越性的不同。

列维纳斯的超越性概念通过加诸于存在的彼在来实现。这种对于超越性的视角不仅仅是一种认知或哲学上的发展,严格说来,它代表了上帝的启示。因此列维纳斯说,上帝降临于他者的面容之中,这似乎是对爱之教义的实现,我们接受了这一教义,并且它见证了《新约》中预先存在的代表爱的上帝。"他者是形而上的真理所在。它绝不是中间人的角色。他者不是上帝的代表,而是具体通过其面容,不再成为上帝的代表,达到与发出启示的上帝同样的高度。"①

尽管对马尔罗而言,信仰只属于超越性,而非伦理学的范畴,然而终其一生,终其作品,他却始终对犹太教和基督教中上帝的话语与其事实表现的一致性甚为敏感。他对于不做信徒的强烈坚持源于他作为"因反抗而生的人"的天性。他反抗一切与上帝有关的思想,也许他更加反对一切与上帝化身有关的思想。

作为哲学家,列维纳斯不惜在《我们之间》中写道:"上帝'与心灵痛悔谦卑的人同居'(《以赛亚书》57,15),这个上帝是'流亡者的,鳏寡孤独者的上帝',上帝显现于人间,也许在过分的情况下,上帝会出现在人的时间之中? 对于它的清贫来说,这样的显现会不会太过极端? 对于它的荣耀来说,这样的显现又会不会过于刻薄? 失去了这种荣耀,那么清贫对上帝便不再是一种特别的羞辱?"②

从《西方的诱惑》一直到《脆弱的人》,在这 50 年的写作生涯中,马尔罗对于人的面容中的神性的强烈感受也绝不少于列维纳斯。马尔罗与列维纳斯还有一重关联性,体现在列维

---

① 同上,第 77 页。

② 《我们之间,论思考他者》,口袋书出版社,Biblio essai 丛书,1993 年,第 68 页。

纳斯这位深谙《塔木德》与《托拉》的犹太哲学家的一个观念中，那就是"没有神性的上帝，没有怜悯的宗教"[1]。

在《整体与无限》中，列维纳斯探讨了一个根本问题，我们可以将其解读为他自身宗教立场的本质体现："将无神论系于绝对，即是收获除去了神性暴力的绝对。"他没有使用第一人称单数来表达，这里我们可以感觉到列维纳斯所理解的无神论即是指他在存在的，或可以存在的暴力、偶像崇拜中拒绝神圣。对他来说，犹太宗教的伟大之处正是捣毁偶像，拒绝接受伪神、伪弥赛亚，建立 sainteté（神圣性）与 sacralité（神圣化）概念的对立。这是个不断重复开始的对立，可能承受着崇拜那些宗教仪式中所禁止的事物的危险，正是这些事物阻碍了犹太教的广泛传播。

反抗死亡的人

类似于在超越者与超越性上建立的根本联系，马尔罗与列维纳斯还有一点重要的共通，这个问题我们之前已经有所涉及，即死亡的问题。加坦·皮贡在《马尔罗论马尔罗》中似

---

① 施洛莫·马勒卡，《解读列维纳斯》，前揭，第 113 页。

乎站在了萨特一边，因为他写道，"也许萨特这样说是对的，即对马尔罗，同样对于海德格尔来说，人是为'死亡而生的存在'"，按照海德格的说法，即趋死的存在(Sein-zum-Tode)。在皮贡的文章之外，马尔罗写道："假设，我们不说是，而说否？表面看来这是一回事……"①

在《整体与无限》中有经典的一页，列维纳斯是这样反驳海德格尔的："时间具体来说就是这样一种事物，一切会死亡的存在——面对暴力的存在——并不是因为死亡而存在的，而是以'尚未死亡'这种与死亡本身对抗的方式存在，这是面对死亡的后退，即便它本身仍在无法避免地接近死亡。"②这段文字一方面是对德国哲学家海德格尔"趋死的存在"观点的一种驳斥，一种否定，同时也与它所等待的马尔罗的思想有着绝妙的相似。

是与否之间的差异是无法消除的，萨特本身也是一位持"趋死的存在"观点的哲学家，然而，列维纳斯却是反抗死亡的哲学家。马尔罗和列维纳斯在生前都忽视了他们之间的相似性，因而，这种相似性在现在才显得更加震撼，更加出其不意。

墓外的这种相似性强调树立反抗死亡的人这一强烈意

---

① 瑟伊出版社，"永恒的作家"丛书，1974年，第74页，注释29。
② 前揭，第247页。

志,以及拒绝只看到"趋死的存在"这一状态,这一联系是惊人的。马尔罗将艺术创作视为对抗无法消除的死亡命运的方式,同时,对死者的友爱以及生者之间的友爱也是对抗死亡的方式。列维纳斯将这种友爱称为伦理。他拒绝接受伦理学为哲学的一个支系,而将其认定为第一哲学。

艺术与人类的友爱是打开马尔罗作品的钥匙,他作为一个反抗命运的人,否认死亡最终的胜利,这样的胜利只存在于表面。这究竟是赋予死亡以积极的意义呢,还是取下它散发着腐烂气息的锋利的叉子?而我们的两位思想家已经将死亡通往它固有的虚无这个观点排除在外?只要地球上仍然有人类的存在,那么它现在,或者将来都是一个终极问题。

我们涉及了生命意义的问题。如果死亡的问题不是终极问题,而是首要问题,是决定其他一切问题的问题,那么就如列维纳斯所言,它也将决定生命意义的问题。根据人们对于自己死亡性的回答,选择人人为己或是我为他人的存在方式来决定生命有意义或无意义。列维纳斯思想的独特与力度就在于他将死亡问题融入伦理之中。驳斥海德格尔"人为自己而死"的观点,改之为"为他人而死",这是列维纳斯呈现他对死亡和伦理问题之理解的方式。

对马尔罗来说,与死亡同样强烈的友爱构成了对绝对的一种追寻,展现了一种英雄主义的壮阔,这种英雄主义一直通往神圣性,通往"为他人而死"的牺牲,列维纳斯称这牺牲为"上帝出现在观念中"①的时刻。

---

① 前揭,第 247 页。

4

列维纳斯,在思考之外:一种断裂的哲学

何谓思想?

我们要在这个第一问题上,加上海德格尔在《什么是哲学?》开篇中提出的问题。回想书中首页,这位德国哲学家提到纪德的一句话:"美好的情感会带来糟糕的文学。"海德格尔补充道:

> 情感,即便是最美好的情感,也不属于哲学。我们说,情感是非理性的。而哲学则与之相反,它不仅是理性的,也是理性真正的卫护者。[1]?

---

[1] 海德格尔,《问题I和II》(*Question I et II*),科斯塔斯·埃克斯罗斯和让·博弗雷译,"Tel"丛书,伽利玛出版社,1993年,第317—319页。

紧接着,他提出一系列问题,其中之一是:"理性本身是否构成哲学的主宰?如果是,为什么?不是,它又承担了哪些使命、扮演着怎样的角色?"

众所周知,"哲学"一词源于古希腊语 φιλοσοφία,由 φιλεïν("爱")和 σοφία("智慧、知识")组成:字面意思就是"智慧之爱"。然而,我们不是时常思考这一哲学词汇诞生之初就暗含着的所有语义模糊、思考其词源固有的和构成的问题吗?对很多授课的哲学家来说,"智慧之爱"早就消失,取而代之的是"知识之爱",甚或"寻求智慧"、"寻求认知",仿佛在宣告爱之智慧无法企及真正的哲学。但我们仍要深入挖掘这些不同解读,因为 philosophia 可以矛盾地意味着"智慧之爱"(Liebe Zur Wahrheit)、"知识之爱"(Liebe Zur Wissen)甚或亚里士多德学派所认为的"渴望知识"。在这一点上,列维纳斯与亚里士多德、柏拉图直至海德格尔的整个西方哲学构架决裂,当然也包括阿多诺。阿多诺认同知识之爱高于"爱之智慧",从某种程度而言,他改变了大多数人对哲学的看法。假如 σοφία 是智慧,也可能是"知识",那么用于限定 sophia 的 φιλεïν 就是表语:智慧的本质是让人们去爱——根据列维纳斯的学说。

我们注意到,海德格尔开篇中就指出哲学不是中国的,也不是印度、犹太、阿拉伯的,尽管它们都先后在哲学上有所建树,尤其是中世纪时期极具影响力的犹太、阿拉伯哲学,以及印度和中国杰出的思想流派。

20世纪,古老的欧洲大地上迎来了哲学家的盛世,两次世界大战犯下滔天罪行,戕害了成千上万条生命,并造成人类历史上最大的惨剧之一:犹太人大屠杀,这是对600万欧洲犹太人的灭族行动,波兰犹太人的命运与波兰自身的悲剧息息相关,还有其他一些无名惨剧:比如对亚美尼亚人、柬埔寨人和20世纪末期对图西人的屠杀,当然,还有斯大林肃反运动。

伊曼努尔·列维纳斯22岁进入弗里堡大学,1928—1929年,他听了埃德蒙德·胡塞尔的最后几堂课,从而接触到现象学,这对他所有思想都产生了深刻影响。胡塞尔言论与作品中非理论的、不可还原的意向性为他打开了大门。导师的最后两堂课是关于现象心理学和主体间性概念的。

然而,是海德格尔的《存在与时间》(Sein und Zeit)改变了他的哲学生涯,尽管后来因海德格尔信奉纳粹主义并为其供职,列维纳斯不得不一次又一次批判他。但这并不妨碍其将《存在与时间》同柏拉图的《费德尔篇》、康德的《纯粹理性批判》、黑格尔的《精神现象学》与柏格森的《论意识的直接材料》①

---

① *Essai sur les données immédiates de la conscience*,中译本沿用英译版译名《时间与自由意志》。——译注

并列为西方哲学五大杰作。在接触了意识的意向性后,年轻的现象学家认识到:"存在引导通向存在之路,而通向存在属于对存在的描述。"①进而他揭示了海德格尔的"存在"概念中暗含的"基础本体论"。

这里,我想要尝试说明列维纳斯通过历时性构建的哲学和现象学过程,因为历时性预示并宣告着的是"存在的彼在"的至上,它构成了存在秩序与传统时间概念的根本决裂②,即与柏格森的绵延(durée)的决裂,柏格森的绵延已经是一次革命。我想仅用简短的分析指出列维纳斯对从海德格尔那里发现的"存在的本体论问题"的着迷将如何孕育出其最具批判性,甚至是最具异端性的当代哲学思想。这一思想代表一种非极权的伦理,尽管有人企图让我们相信它是极权的,但它仅仅是本源的伦理。

20世纪三十年代初,列维纳斯将他的《关于希特勒主义哲学的思考》呈现给我们。这是他首次分析自由、自由主义、马克思主义。年轻的列维纳斯概括并深入探讨国家社会主义(纳粹主义)政治及其之后苏维埃联盟的产物斯大林主义政

---

① 《伦理与无限》(*Ethique et infini*),对话菲利普·内莫,法亚尔出版社,1982年,第27页。

② 参见罗多尔夫·卡兰和弗朗索瓦-大卫·塞巴在《列维纳斯的词》(*Le vocabulaire de Levinas*)中对历时性的重要分析,伊利普斯出版社,2002年。

治,而这些分析背后是对这两个政体的种族主义、退回"同一"的极度危险、摒弃甚至妖魔化"他者"的批评。源于法国和德国启蒙主义的自由问题,也是犹太教和基督教共有的、如今受到威胁的《圣经》的遗产,而列维纳斯说,这首先是"人的人性本身"。

列维纳斯继承了这一《圣经》和哲学的双重遗产——一边是用希伯来语、阿拉米语,一边是用希腊语、拉丁语、德语和法语。他忠实于柏拉图的"存在之外的善",这是从笛卡尔、帕斯卡尔、康德、胡塞尔到柏格森无人忽视的传统哲学观念。而这一遗产又与黑格尔完美相遇,其极具影响力的著作《精神现象学》如此深刻地影响了他的直接继承人和反对者。显然,应该提出整体性原则和某种史论让人们进行批评!列维纳斯的忠实伴随着对统治西方思想和哲学的至高无上的本体论的强烈反对与抗议。

因此,让我们假定列维纳斯的全部作品都是在回答海德格尔的第一问题,这已不再是"什么是哲学?",而更应该说是"作为动词的存在意味着什么的问题①",由此引出:仅仅是基础本体论的哲学是否仍是哲学? 这个问题可能显得粗暴,在一些人听来甚至是亵渎。人人都知道,并不是明白哲学是什

---

① 《伦理与无限》,第 34 页。

么就能够在哲学上有所建树,这是显而易见的道理。正是在哲学的内部而非外部实践的层面上,列维纳斯思考并想要宣告决裂——与漠然决裂——对希腊的"逻各斯"(logos)传统来说,这是一种批评,逻各斯关注的是存在的变形,而不是存在的他者的变形,也无关柏拉图的"存在之外的善",更不是"存在的彼在"。

由此我们揭开了一个关键性问题。列维纳斯认为责任和时间本身的历时性并不构成和保障纯粹知识、纯粹思想甚至纯粹哲学——这些可能仍然处在远离世界的古希腊城邦广场上——其构成和保障的是让位给行为和实践的理论,这是因为人们始终无法与思考"存在的彼在"的哲学步调一致,它超出了历时性的范围,历时性承载了世界的全部社会性,就像我们不可能对他者漠然。

思维,或者说思考的行为,它不同于思想——表象的思考对象,根据列维纳斯的观点——如果我没有理解错误——思维会通向枯燥、乏味的理论。这种现象学与具体化之间的平衡,这种辩证也是一个强制的选择,不正是这些让他的作品始终界于哲学与深不可测的神圣性之间,完全处在二者的边界、边缘上吗?列维纳斯承担了居于切线、边界的危险,甚至处在坚持正统之人所能容忍的底线,他们既不喜欢另类的东西,也憎恶那些对不严格依照其秩序的事物的肯定,比如列维纳斯认可以色列预言家[1]和《塔木德》中贤者的公民权,又如其问题的构成,从他的思维方式到其中"异于"哲学范畴的词汇,诸如神圣性、面容的神显、"为了他人领受死亡的馈赠"[2]。

因而,列维纳斯始终站在彻底的哲学性言论的边界、边缘和界限上。

---

① 我参考了米歇尔·福柯在《真理的勇气:自我和他人的治理之二》(Le Courage de la vérité-Le gouvernement de soi et des autres II)中有关预言家角色的绝妙文字,高等研究丛书,瑟伊出版社,2009 年,这是他的著作。
② 《观念中的上帝》,前揭,第 247 页。

5

对话德里达

这就是为什么在这里我们必须提到雅克·德里达,从某种意义上而言,他也通过他的思考迫使我们不得不提及他。德里达以一种粗暴、正面的方式深入探究了师长的反黑格尔主义——他的分析与列维纳斯产生碰撞——,德里达使用了非议、比较的字眼。特别是将其"与费尔巴哈的反黑格尔主义,尤其是雅斯贝斯的反黑格尔主义,及其反胡塞尔主义"比较,列维纳斯极少提到这两位哲学家,但是,正如解构主义之父指出的那样,他们之间是否存在汇合点并不重要。德里达提出"系统的矛盾",进而思考必要性对列维纳斯的意义:"进驻传统概念以将其摧毁的必要性?为什么这一必要性会最终摆在列维纳斯面前?它只表现为某种工具、某种我们可以置入括号中的'表达'?还是它遮蔽了希腊逻各斯某些不可摧毁又难以预料的根源?"①

通过这些疑问,德里达指出列维纳斯的系列问题中惊人的一面,它表现出一种暴力,渴望毁灭并以此重构西方纯理论传统,长久以来,除了极少数例外,可以说西方纯理论传统不可能走向存在的他者、存在的彼在,也无法聆听另一个人的面容——也是另一个女人的面容——般激进的言论。证明只有伦理学超越本体论,并以此证明伦理学构成第一哲学,而不是哲学的其他分支,诚然,这对列维纳斯来说是重要的,但是为此必须撼动哲学的基础。而这又有谁能做到?

非议、比较是有的,但是让-卢克·马里翁认为,德里达似乎是在指责"列维纳斯的幸福"②。他不知道列维纳斯解构思想的核心中萌生着更关键的决裂,这产生于1940—1945年间世界末日般的经历之前——在这期间"上帝已真正死去,或是倒退回不启示状态"③——而列维纳斯在1946

---

① 参见《书写与差异》(*L'écriture et la différence*),"暴力与形而上学——论伊曼努尔·列维纳斯的思想",瑟伊出版社,Points丛书,1979年,第10—125页。(参考张宁译《书写与差异》,三联书店,2001年,略有改动。——译注)

② 对话让-卢克·马里翁,《列维纳斯研究笔记》(*Cahiers d'études lévinassiennes*),2009年,no8,第109—125页。

③ 《他人的人本主义》,前揭,我们参考的是口袋书出版社的版本,biblio essais丛书,第46页。

年有关《时间与他者》的系列讲座中将其概念化。第一课的结尾，他提出了最为重要的主张："就是迈向多元化，而不是像我们设想的那样逐步融合为一；如果有胆量，还要与巴门尼德决裂。"[1]为什么是巴门尼德？因为巴门尼德式的思辨忽视了邻人的相异性，忽视了作为他者的他者。现在，我们知道为什么在列维纳斯揭示存在的彼在之前，他的哲学走向首先必须根除海德格尔 Dasein（此在）的存在概念，以及《存在与时间》(*Sein und Zeit*)中不定式 Sein 与其主要表现 Seiendes 之间的巨大差异，换言之，就是存在(exister)与存在者(existant)的差别。

伊曼努尔·列维纳斯的现象学新论必须以此根除为前提，必须与这一存在概念决裂，也必须与布伯的对话哲学"我与你"决裂，很多哲学家都在反复引用布伯的这些概念，包括保罗·利科。他的《作为一个他者的自身》(*Soi-même comme un autre*)与列维纳斯言论对立。

认识到笛卡尔对无限思想的根本性改革之后数年，列维纳斯提出其具有开创意义的概念和原则，即"面容的神显"，因为罪犯、刽子手不愿看的正是这一面容，他们想要无视它以便更好地将其摧毁、折磨致死。弗兰兹·罗森茨威格的言论思

---

① 前揭，1983 年，第 20 页。

考及其著作《救赎之星》,正是意识到我的无限责任和人类不可还原的唯一性,而从根本上反对整体性,尤其是黑格尔的整体性。面对在第一次世界大战战场上目睹的死亡,逝世于1929年的罗森茨威格与整体性原则彻底决裂。

1982年,回想起我们这个时代的全部悲剧,及其相应的名词和形容词,如希特勒主义、斯大林主义、广岛、古拉格、奥斯威辛种族灭绝、柬埔寨种族大屠杀,列维纳斯继续说道:

> 世纪在对这些野蛮名词所代表的事物会卷土重来的恐惧中结束。苦难和痛苦被蓄意地强加给人们,而在成为政治的且摆脱一切伦理的理性的激化下,这是任何理性都无法控制的①。

1961年,《整体与无限》"论外在性"出版。通过对其呼吁哲学内部超越的责任观念和面容神显概念的深入探讨,列维纳斯想要说明什么? 对此,必须理解哲学家通过外在性概念说明的问题。外在性分析的核心,是仍然通过本体论的言语表达出来的面容现象学——不再是《存在的彼在或在本质之

---

① 《我们之间》,前揭,第107页。

外》的言语。源初的外在性并非空间的，而是通过他者得以具体化。真正的外在性是相异性。

理性本身出了问题。这个充斥着失败的民主承诺与梦想的时代在第二次世界大战之后开始，于 1970 年终结，其间经历了 1968 年几乎全球性的动乱——包括最悲剧的事件之一、发生于八月的"布拉格之春"，苏联武装进入布拉格，随后 1969 年 1 月 19 日年仅 20 岁的哲学系学生杨·帕拉（Jan Palach）自焚——这个时代带给列维纳斯《存在的彼在或在本质之外》（1974）的启发恰恰证明，20 世纪最后三十年西方哲学思想可以更加高尚。

书中对形而上学的阐释开始于诞生自面容现象学的思想转变，毫无疑问，面容现象学是一种相异性的形而上学，并最终达到元伦理学层面。然而，通过《存在的彼在》，列维纳斯的思想发生了决定性转折：面容不再仅仅是现象学的核心，而是对他人的责任，它界定了"我"并成为其主要的和基本的分析核心。这里确实存在纯理论的形而上的揭示，这是对他者的揭示，因为他者传唤我、呼唤我、要求我。列维纳斯敢于使用神学语言，他让这些词汇突然间拥有了其所缺乏的普遍维度，从而上升至概念层面。之后我们还会谈到这个话题。

对整体性、本体论甚或对此书得以书写的原因——战争——的批评，外在性是在这些批评的开端还是结束？走出自身是否就是外在性的、就是"他者"超越"同一"的开端？是什么让"同一"、生存的努力（conatus essendi）、斯宾诺莎的永恒的存在实体走出自身存在？

外在性的开端不正是列维纳斯所称的"主体间的不对称"吗？但要进一步理解其内涵，就必须提到他写于战后（1947）的《从存在到存在者》中的相关分析：

> 主体间性的空间原本就是不对称的。他人的外在性并不是概念上同一的事物由于空间区隔而产生的效果，也不是任何一种通过空间外在性而表现出的概念上的差别。正是由于社会外在性不能被归纳为以上两个概念，它才具有独特价值，才能让我们走出同一性和多样性，这两个范畴，只对诸物生效，即只在孤立的主体、孤独的精神所构成的世界中生效。主体间性并非只是多样性范畴在精神领域的简单应用。"爱欲"（Eros）带给我们主体间性①[……]。

因此，爱欲产生主体间性，并可能构成存在于"自我"与

_____

① 弗兰出版社，1947年，第161—163页。（参考吴蕙仪译《从存在到存在者》，江苏教育出版社，2006年，第117—118页。翻译略有改动。——译注）

124

"他者"的性爱关系中的不对称。爱欲是一个完整的范畴，在外在性空间下被理解。列维纳斯自问，在生育概念的"空间下"，自我是否并未失去其"悲剧的利己性，而又回归自身"？在这位哲学家看来，性爱的主体间性显然具备了某种对主观性的超越，对已是超越的存在的摆脱，因为生育被植入性欲的深处，从本质上构成性欲——尽管现代的性行为企图将欲望从生育的乐趣中分离出来。《整体与无限》呈现的主观性是与利己性的决裂，并已成为对他者的友好和责任。

伊曼努尔·列维纳斯的哲学以一种思想为基础，"孕育出一切思想的、比我的有限思想更早的无限思想，它是时间的历时性本身，是非同时性，甚至是剥夺：先于一切意识行为的'奉献'方式，由于时间是无偿的，[……]它比意识更加深刻"①。

因而，我们的思想家将无限置于整体的对立面。整体、外在性、他人的面容和无限之间形成了某种如同最深奥的情节般错综复杂的关系。正是在这四个词、这四个有关"存在"的事件中上演着列维纳斯思想的全部形而上情节。《整体与无限》中，他明确反驳整体观念。无论"知识的综述，[还是]超验

---

① 《观念中的上帝》，前揭，第 12 页。

主义的'我'所理解的存在的整体性"都不会成为"明智者的最终坚持"①，第一版26年后的1987年德文版前言中这样写道。

列维纳斯一上来就提出无限联系的观点"不是知识，而是一种欲望。我试着描述'欲望'（Désir）与'需要'（besoin）的差别，事实上，'欲望'是无法满足的；从某种意义上来说，它是通过从自己的饥饿中汲取养分，提高满足感。'欲望'就像一种思想，它所思考的超出了人们的想象，或者说它所思考的超出了它思考的内容。"②通过明确"欲望"和"需要"的差异，列维纳斯展开了第二个问题，有关时间、绵延的问题。这正是柏格森最有力的贡献。"需要"处在绵延之中，并构成绵延。欲望包含无限，同时无限产生欲望，这一"欲望"绝不是性欲，性欲如同饥饿、口渴，都是需要，是最基本的饱足的需要。我们不再停留于需要的层面，而是面对来自存在深处的、朝向存在之外的内心呼唤。这一"欲望"是他者面容带给我的不安和召唤——也是我们将会在结尾谈论到的第三者的面容，"在异乡人、寡妇、孤儿的面容中"——伟大的《圣经》中的话，列维纳斯的哲学中如此经常地援引它——仿佛从"理性"、"言语"、"思

---

① 《整体与无限》，前揭，第Ⅰ—Ⅳ页。
② 《伦理与无限》，前揭，第86—87页。

考"出发,无法唤醒真正关注寡妇和孤儿的可敬的、公正的哲学。只考虑"同一"、"自身"而不受毫无防备的"面容"控制的哲学会是怎样的? 应该说得更准确一些,并未被毫无防备的"面容"剥夺的哲学。在这种对他人的使动的责任中,有着对存在、对自我的剥夺。

列维纳斯伦理意义中有着时间性的形而上学,他没有忽视康德——他向康德"崇尚理论理性转向实践理性"致敬。这里,必须定义"形而上学"一词本身。Μέτα意味着"之后出现的事物",而φυσικά、physikà 代表"自然",换言之就是"出现在自然事物后的事物"。应该说,列维纳斯的主要革新在于与第一问题研究方法的差异。海德格尔对形而上学的控诉在于形而上学改变了作为存在的存在思想,而使之成为最高的存在。对列维纳斯来说,这一差异体现在μέταφυσικά中μέτα的本源。他并不是要将这一"后"(après)与自然、物质联系起来,而是与他的"存在"中的"存在"相连并颠覆观点:出现在"存在"之后的,也即出现在"我"之后的,是具有不可还原的相异性的他者。

措利孔研讨会期间,海德格尔的一番话吐露了他与写作《存在的彼在或在本质之外》的哲学家之间无法逾越的差异。他是这样说的:"我全部思想的动力都可以追溯到亚里士多德的一个命题:'在者'(étant)可以用多种方式进行说明。说实话,这一命题是一道光,点亮了问题:那么,什么是存在的多种意义的统一,这样的'存在'要说明什么?"①而列维纳斯是柏拉图学派的,将"存在之外的善"置于哲学的本原。

在《整体与无限》中,列维纳斯创造了一个新概念,"面容的神显"概念,一开始,这可能有些令人费解。"神显"源自希腊语,意思是"显示"。因此面容的神显就是"存在"、形而上学、社会性的超验显示。超验并不是光辉荣耀的,它存在于我的邻人面容的赤裸中,面容毫无防备地暴露在疾病、谋杀和死亡里,它反过来呼唤我的责任、我的意向的意识、我"无贪欲的爱"。面对他者面容的启示,这位现象学家更加强化了他的言论。人生的最后几年,在为其著作的德文版书写前言时,列维纳斯使用了通常不属于哲学范畴,而是屈从于概念的维度的词汇。譬如,"神圣性"一词在书中出现过,又在新前言中发出了新的声音。怎能不涉及哪怕是简短地提到《存在的彼在或在本质之外》这部杰作呢?书中,通过深入挖掘对他者存在的责任的深渊,列维纳斯转变了核心,让自我成为他者的人质。这个极其可怕、夸张的概念,似乎完全不再是哲学的范畴,而属于另一个领域、另一种思想范畴。严格地说,"思考之外"就

①　海德格尔,《措利孔研讨会》(*Zollikoner Seminar*),法兰克福,Klostremann 出版社,1987 年,第 155 页。

是"存在的彼在"。我们说他的思想中有一种激进化，这令我们中的很多人困扰、不安，甚至可以说战栗，并迫使我们最终完全地、明确地站在他的对立面上。利科是这些哲学家中最好的例子之一，他一面同样地关注责任，一面否定列维纳斯的论点。写作《作为一个他者的自身》的哲学家指责《存在的彼在》的作者是"言语的恐怖主义"[①]，并重述让-弗朗索瓦·雷的用词揭示其"替代的创伤"，让-弗朗索瓦·雷受到列维纳斯的召唤，但当涉及到在回归公正的情况下受伤的我维系与第三者的关系时，他又拒绝拥护列维纳斯的观点。

确实，我们提出这样的问题：当我们说出"替代他人"时，是否仍在哲学的范畴，或已经进入某种脱离一切概念、一切思想理性的超越性空间。我们无法再与责任的概念步调一致，因为这一观念超出了所有概念、所有哲学、所有形而上学。只有圣人能够替代他人，哲学家不行。但是，列维纳斯继续他的言论，朝着形而上学的高度飞速攀升——超越的而非超验主义的形而上学——直至读者，"研究者跟不上他的步伐"。为了通常被具体化为寡妇、孤儿、穷人的他者极大地剥夺"自身"，当然，但如果他者是我的刽子手、我的行刑者呢？不仅仅

---

① 《别样》(Autrement)，法国国际哲学学院的讲座，巴黎，法国大学出版社，1997年，第26页。

是我的,也可以是我的他者的,他们仍然是那些他者中的"他者",是所有离我或远或近的邻人中"最近的存在"。对这位哲学家来说,存在的彼在是一种"思考之外"、一种"爱之外",属于我的责任成为我对他人过错乃至对他人罪行的责任。

形而上学让哲学一词重新找到其远离非意向性意识的希腊根源。在德文版《整体与无限》的序言结尾,列维纳斯自问:"是否哲学家们爱并期待的智慧没有超越认知的智慧、爱之智慧或可以被视为爱的智慧?教授他人面容的智慧!"而第三者同样出现在面对面的关系里,出现在对我的邻人的极端责任中,正是在这一刻,公正缓和了哲学家有关替代他者、有关我"无条件成为人质"的言论。我不能忽视个人对他者的所作所为,并且应该比较、判断、思考我的每一个邻人之间的行为。此前,我们谈到"主体间性的不对称",现在我们要回过头来为它下个结论。由于在社会中,我无法将自己仅奉献给一位邻人,因为一切都是我的邻人,于是就产生了一种优先性,优先性构成了我对比较的参照点和公正的诉求,这迫使我在与所有他者的关系中中断与某位邻人的唯一邻近性。"与第三者的联系是对邻近关系的不对称性的不断修正,面容在这一邻近关系中被审视。"①《存在的彼在》的作者进一步明确道。

---

① 《存在的彼在或在本质之外》,第 246 页。

谁能否认列维纳斯想要强调哲学是"爱之智慧"！而他尤其并主要专注于"智慧带给爱"①的东西，这是其哲学的全部高度、广度与独特性。正是出于对《圣经》传统的忠实，他通过哲学、现象学和伦理学的言论，追溯源于希腊的形而上学。列维纳斯赋予西方哲学难以复制的声调，一个并不仅属于希腊的声音，一个同样来自于闪族的声音，一个承载着上世纪永恒悲剧的声音，一个不停地提醒着"一切本质之上的善是神学的也是哲学的最深刻的教诲——决定性的教诲"②的声音。

这是"存在的彼在"、"思考之外"的构建者最终的话语，他在《观念中的上帝》中揭示、书写了一个新的哲学范畴，即"上帝在观念中降临"的范畴，它可能会被定义、谴责为对"存在的不变坚持"的悬隔、存疑（époché）。作者坚持认为，"上帝在观念中"的突然出现不能也"不该被视作'上帝存在的新证据'③"。在这里，我们前所未有地置身于一个忽略神学的哲学范畴中。对此列维纳斯并不期待，他要借助神圣性的观念或概念，如同神圣性不应该仅属于宗教的唯一范畴，而应该同样地进入到某一思想的范畴，这一思想所思考的超出人们的

---

① 《观念中的上帝》，第 172 页。
② 《整体与无限》，第 106 页。
③ 《观念中的上帝》，第 252 页。

想象。我们在形而上学的范畴中。

这就是雅克·德里达在对列维纳斯进行严厉抨击的三十年后的领悟与理解。他在《永别》中以全部的道德力量与威严将其诉说出来。让我们重读这几行暂时的收尾式文字：

> 是的，伦理在本体论、国家、政治之前和之外，而伦理也在伦理之外。一天，米切尔-昂热大街上，[……]他对我说："您知道的，人们常将伦理描述成我的工作，但最终令我着迷的并非伦理，不仅仅是伦理，而是神圣，神圣的神圣性。"于是，我想到一种独特的分离，由上帝赐予并受上帝之命的帷幔造成的独一无二的分离；比起刺绣者，摩西更该把这帷幔托付给创造者或艺术家，而这张帷幔将分割神庙里的至圣之所。我还想到《塔木德讲解》中的其余部分是如何强化神圣化与神圣性——也就是说他者的神圣性——之间必不可少的区别。[……]①

德里达这几句话不仅是表达敬意，也是在讲述超越了过分、夸张甚至羞耻，超越了这一"替代"的邻近性。德里达以不

---

① 《永别》(*Adieu*)，载《拱桥》，1996 年 2 月，第 84—90 页。

同于保罗·利科或其他一些哲学家的方式回忆大屠杀,那些哲学家未曾亲历犹太人以及包括茨冈人、波兰人在内的民族在第二次世界大战中遭受的肉体与精神的迫害。

6

奥斯维辛之后上帝的疑问

悲剧的记忆本身并非教义,否则会成为无法解决的疑难与悲剧的绝境。不,奥斯威辛-比克瑙不是教义,不是信条,而应该呼吁警觉、呼吁化记忆为责任。犹太哲学家、神学家埃米尔·法肯海姆始终认为,奥斯威辛之后,第 614 条 mitzva(戒律)已实际为犹太民族所接受,这是犹太教徒必须遵守的仪式和道德义务,旨在不抛弃以色列的上帝以免让希特勒在死后取得胜利。

列维纳斯十分赞成法肯海姆的论点,且深受第 614 条戒律感染,这一戒律向犹太教徒提出新的道德义务,要求他们反抗完全抛弃纳粹企图根除的数千年犹太教信仰与传统的倾向。同时,写作《难以实现的自由》的哲学家不能不考虑死亡与法肯海姆的要求之间悲剧的、辩证的冲突,这一骇人听闻的死亡不仅仅是对牺牲者、殉道者而言,也包括身处刽子手刀下、置身于难以言表的绝望和恐惧中的上百万条生命。于是，某一天，面对不可估量的才智也无法解决的绝境与疑难，他用充满不安甚至绝望的话语表达了他的疑问。我们想要如同对待自己的问题那样重述这些深奥的提问：

　　最后的疑问：在打破联盟、停止回应、拒绝援助、如同抛弃了你们一样眼睁睁看着你们死去的上帝面前，是否还能继续犹太教的信仰？继续做犹太教徒是否就不能轻易地感受将死之人的绝望——也可能是疑惑？然而，埃米尔·法肯海姆认为，不能保证以色列的延续，就是让国家社会主义的罪恶事业重获成功，就是满足希特勒的愿望：毁灭以色列以宣告其启示无效。遗忘《圣经》、遗忘《托拉》、遗忘戒律赋予人的悲悯。这迫切地需要：继续做犹太教徒、巩固以色列、完善其存在的道德和政治条件。建设民族与国家——这一幸存民族的现代形式。[……]奥斯威辛提出的最后疑问中，可能就是对一种新的虔诚的预想或是回归其古老的奥秘：爱《托拉》胜过爱上帝。而这难道不是对上帝(le Saint，Béni soit-il)的爱吗？①

---

　　① 伊曼努尔·列维纳斯，"恶的可耻性"(Le scandale du mal)，《新笔记》(*Les Nouveaux cahiers*)，n° 85，1985 年夏，第15—17 页。

赎罪日与最后审判的区别就在于赎罪日是今生的最后审判,是每个人都可以通过内心皈依,即 teshouva 来修改的审判,因而不同于由上至下的宣判。但对奥斯威辛之后真正的信徒,甚至真正的哲学家来说,这是另一种教诲,也是主要的——绝对的——教诲,认为那个被我们称作上帝的存在也同样有罪,也会对他的子民、对人本身、对他的造物犯下不公。毫无疑问,这就像一种亵渎——然而,以色列传说中无可争议的大师们却将其说了出来。

在不可知论甚至无神论遭遇前所未有的激进的宗教狂热的时代,列维纳斯有关上帝的言论并不受欢迎。穆罕默德的漫画或涉及耶稣形象的影片激起世界各地阿亚图拉以上帝名义实行法特瓦判决,甚至以上帝之名杀戮!

然而,人们成十、成百、成千地杀害、暗杀男人、女人、孩童、老人,也有人以法特瓦威胁男男女女的作家、画家、剧作家,他们冷漠——更恶劣的是,那些冒着上帝之名的恐怖分子时常欢喜鼓舞——他们自认为代表上帝,却不知当他们将魔爪、武器朝向邻人之时,他们已经杀死了上帝。还有比一个人谋杀另一个人更亵渎神灵的吗?

列维纳斯拥有这样的高度、才智,以及作为哲学家、现象学家,作为有信仰和信念的人应有的统觉,这让他在表达任何有关神的思考时都能保持清醒:

显然,某一上帝、某一适用于对肯定宗教积极意义的思考上帝的方式已经终结。神看重的不是他的力量或他的无所不能。我不否认这些,但我提出疑问。

尼采对上帝的否定已得到20世纪的证实;许诺的上帝、慷慨给予的上帝、作为实体的上帝——当然,这些都无法得到支持。而首要的事实、圣迹的圣迹在于一个人能对另一个人产生影响①。

随后,面对渴望知道尼采的上帝是否"就是通过虚无主义方式表达思想的上帝"的对话者,列维纳斯大胆地断言道:

这一上帝仍在发出声音。他用无声说话,并且人们倾听他的话语。然而这是尼采的已死的上帝。他在奥斯威辛自杀。但是,还有另一个无法严密证明其存在的上帝,他只出现在人性的行为中,也就是对奥斯威辛的反抗。这一上帝在他者的面容中显现。

---

① 阿尔诺·蒙斯特(编),《作为非冷漠的差异:伊曼努尔·列维纳斯的伦理与相异性》(*La différence comme non-indifférence. Éthique et altérité chez E. Lévinas*),"伊曼努尔·列维纳斯:面容与第一暴力"(Emmanuel Levinas : Visage et violence première),对话 H-J. 伦哲,第 129—143 页(阿尔诺·蒙斯特译),Kimé 出版社,1995 年。

我们如此贴近保罗·策兰久久萦绕心头的沉重的诗。如果说奥斯威辛后真有抗议、反抗、绝望，正如我们所见的，列维纳斯十分重视法肯海姆的抗议，但他走得还要更远，他带着不安和战栗讲述着人们几乎不敢说出口的"奥斯威辛的教训"，若不是列维纳斯认为这一近乎不可言说的教训正是提醒人们不能对其避而不谈，很有可能人们将无法听到这样的言论。犹太人大屠杀之后不再可能有说教或是传道，也不再可能有美满结局的期许。在以色列"本能的牺牲、暴露在迫害中"[①]的固有倾向里，哲学家意识到了以色列最终的本质。面对始终困扰着以色列这一上帝巨作的无罪者的有罪，他说："未曾犯下过错却成为被迫害者、成为有罪者不是原罪，但却是普遍责任的反面——是对他者团结的反面——这一责任、团结比任何罪恶都要古老……"这一刻，列维纳斯与卡夫卡在根本上汇合。

*

我们的哲学家在一场因继承自希腊的 sophia 而更加有力的对话中，不断向西方哲学敞开犹太教和犹太思想的大门。

---

① 让·格赖施和雅克·罗兰(编)，《伊曼努尔·列维纳斯：作为第一责任的伦理》(*Emmanuel Levinas：L'Ethique comme responsabilité première*)，瑟里西拉萨尔研讨会，雄鹿出版社，1986 年。

上帝的概念发生过一次后现代性革命——我们的革命。但早在 19 世纪末，印度大师、伟大的辩喜（Samniasin）就写道："唯一存在的天神、我唯一信仰的天神……悲惨者的我的天神，所有种族的贫穷者的我的天神！"①这一天神在梵语中被称为 Daridra-Nârâjana，甘地也曾提起过他。

这一有关思考上帝的革命孕育出"信仰之外"，随后又顺理成章地诞生了列维纳斯的"存在的彼在"。不是不再信仰，也不是别样的信仰，而是"信仰之外"。在突然开始关注神圣性的哲学类别下，摆在我们中那么多人面前的正是这一信仰之外，神圣性可能被包围在爱的维度中，比在大屠杀中和面对被迫害者的不幸时能够幸存下来的男人、女人的更大的爱的维度。信教者和除人的教义外无宗教信仰的人都英勇地为成为人质的羞耻带去了荣耀——被列维纳斯称为"无条件成为人质"的荣耀。

列维纳斯的到来和写作是否是为了将当时绝对非宗教的哲学从未思考过的神圣性行为带进哲学范畴？然而，在不可知论哲学的立场下，谁会允许自己在一个完整的哲学维度里思考神圣性？

可能很多人质疑——在其他很多人提出异议后——我认为的列维纳斯思想中无可争议的部分、其一切思想的基础，即

①　《伊曼努尔·列维纳斯：作为第一责任的伦理》，前揭。

"只有当一个人回应其他人时，上帝的神性才会显现出来"。

*

在那个泯灭人性的世纪，那个正如《存在的彼在或在本质之外》的悲痛题词中回忆的那样，发明毒气室、屠杀场、集中营、古拉格、原子弹并以此残害上千万来自各种族、信奉各种宗教的女人、男人、孩童的世纪，正是在那个世纪，一位出生于立陶宛的哲学家诞生了，一位信奉犹太教、全家遭纳粹暗杀的哲学家诞生。一位师承胡塞尔、推崇海德格尔《存在与时间》的现象学家、一位没有忽视面对他者及邻人面容时无私的爱的维度的哲学家诞生。一位认为"对他人的人道主义"胜过简单的人道主义的哲学家诞生。

虽然我指出的通向这一目标的道路看似崎岖，但仍旧可以到达。这诚然应该是艰难的，以致极少有人达到。确实，永福怎么可能近在咫尺？如果那样，如果无须努力就能够得到永福，那么几乎所有人都不会重视它。而一切珍贵的事物都是罕见又难以获得的。① 这一摘自《伦

---

① V，42，页旁注解，法国大学出版社，1990 年，罗贝尔·米拉依译，第321 页。

理学》的斯宾诺莎命题显然适用于列维纳斯的著作。

最后一词。最终,在这一悲痛的哲学中,在这一燃烧的、令人"震颤"(如德里达所说)的哲学中有着一种非凡的高尚,比如根除自身,比如"靠近邻人",比如"反对主题化的历时性"——就《存在的彼在》的言论来说——他者的纠缠达到极点,毫无夸张、修饰,也没有过多的臆想,对此,再没有更好的思辨方法,"我"只能将自己暴露在处于人类极其贫乏的境地又无法抱怨、无法呼喊的对面之人时常无声的呼唤之中,并回应其呼唤。回应"存在的彼在",就是承担起不可让与的责任,被选作唯一的代表:"弥赛亚就是我。成为我,就是成为弥赛亚。"[1]仿佛世间所有不公、人类所有悲惨境遇都取决于我,而不是任何其他人。这一切都构成列维纳斯非凡的高尚,关于责任、苦难的言论通过独一无二的哲学语言向我们传达不朽的、激昂的启示,它既不会消失也不会被遗忘,它简单地诉说着人、真心意识到自己是唯一能够"救赎造物"[2]的人的高尚。这是否就是比让·格赖施转述的更有高度、更为高尚的"最后的"列维纳斯的思想? 在与让·格赖施的一次旅行中,对于

---

① 《难以达到的自由》,前揭,第120页。
② 《整体与无限》,第77页。

"为什么是有而不是无?"的问题会被如此多的哲学家视为第一性的事实,列维纳斯感到震惊,仿佛自言自语般对他说道:"在像我们这样残忍的土地上能够出现仁慈的奇迹,永远[是]更加值得惊叹的。"①

---

① 参见让·格赖施,"海德格尔和列维纳斯:存在即事实的解释者"(Heidegger et Levinas interprètes de la facticité),载伊曼努尔·列维纳斯,《肯定性与超验》(Positivité et transcendance),法国大学出版社,Épithémée 丛书,2000 年。

Ⅳ

列维纳斯的教诲:
《塔木德》的宽恕与不可饶恕

1

赎罪日,行宽恕之日

赎罪日与行宽恕之日的普遍性

犹太新年重现了一段神圣的历史,这段被铭记的历史从上帝创造世界开始,直到耶路撒冷圣殿在阿夫月第九天被毁,而在 1492 年的同一天,西班牙的犹太人被驱逐出境。

作为赎罪期的开始,犹太新年承载着犹太教其他节日所无法比拟的重量。这一天,对所有生者而言即是审判日。正如我们在《塔木德》开篇所读到的:"新年伊始,凡世俗子皆是羔羊。来到上帝面前。"[1]按照犹太教的传统说法,这一天代

---

[1] 《新年守岁书》16a。

表人类诞生,也是背叛上帝的亚当遭到审判、得到宽恕的日子。作为犹太教的新年,这一节日实际上具有普遍的意义。犹太新年见证出以色列民族普遍的祭祀礼仪和宗教责任感。在《托拉》中,我们不仅可以看到上帝对全人类的启示,还可以找到人类的起源,远在亚伯拉罕之前,亚当已具备了人的一切品性,并且与上帝缔结了约定。因此,《托拉》的神谕早已超越了以色列民族的范畴,而涉及到整个人类及其人性。犹太民族远远没有违背上帝的意旨,而是成为其忠实的捍卫者:这个颈强背直的民族代表所有民族与上帝沟通。

然而,他们究竟担负着怎样的责任? 他们的责任,即是救世的责任,也就是与上帝约定的责任:"有君尊的祭司,是圣洁的国度"(《出埃及记》19,6)当以色列的全体子民听到神的晓谕(Devar Adonaï)后,全世界的所有子民,不论他讲哪国语言,来自何方,将会睁开双眼,看到以色列这个祭司的王朝,圣洁的国度。

以色列和犹太教的命运与其他民族和宗教有怎样的不同呢? 犹太民族肩负着唯一的责任和全人类的使命。仁慈的上帝仅在赎罪日这一天对以色列的全体子民进行宽恕,也只有当整个以色列团结时人们方能得到救赎。没有人能够单独得到自我的拯救,《大议会书》①上写:"全体以色列都将参与即

---

① 《大议会书》90a。

146

将到来的世界。"没有人能够独享救赎。有一天,当我们的责任感不仅仅限于以色列,而扩展到了全人类时,我们才能真正理解摩西的话语:"我今日所吩咐你的诫命,不是你难行的,也不是离你远的。不是在天上。也不是在海外。这话离你甚近,就在你口中,在你心里,使你可遵行。"(《申命记》30,11—14)

只有在人心中,方可见到圣言,也只有用心聆听,方得其中真意。每一位虔诚的犹太信徒都会每日例行三次的祈祷:"以色列啊,你要听。"犹太新年纪念上帝创造天地世界,在这一天,所有人都来到上帝的法庭等待审判。"审判的号角[1]已经吹响,我们听到深沉的低吟,天使也在微微颤抖。尘世的众子在你(上帝)眼前经过,如羊群在牧羊人眼前经过。牧羊人用鞭子驱赶指挥羊群,你(上帝)也这般驱赶指挥人类,对他们一一数去,你召唤众人的灵魂,决定众人的大限,记下他们末日的判决。"[2]

既然犹太新年是所有民族的审判日,那么在赎罪日,是不是全人类都能得宽恕呢? 毫无疑问,它也具有普遍性。犹太教的先贤们在赎罪日加入了诵读《约拿书》的仪式,先知

---

[1] Shofar,犹太教礼拜用的羊角号。——译注
[2] 《艾瑞克·哈特费罗》,犹太新年的祷告,E.德拉彻译本,特拉维夫,西奈出版社,1966年,第249—251页。

约拿曾说服尼尼微国王及子民皈依犹太教。诵读《约拿书》的目的在于让信徒们在这一天进行忏悔,对自己的灵魂和全人类的灵魂进行赎罪。不仅是遵守教规的信徒,全世界的义人都将得到宽恕。赎罪日晚上,主祭先带领会众进行三遍科尼吉晚祷(Kol Nidré),再开始诵读《民数记》(15,26)的段落:"以色列全会众和寄居在他们中间的外人,就必蒙赦免,因为凡人都必犯错!"由忠实的信徒组成的唱诗班跟随其后诵读。

赎罪日仪式

《利未记》(23,27—28)中有言:"七月初十是赎罪日,你们要守为圣会,并要刻苦己心,并将祭献给耶和华,当这日,什么工都不可作,因为是赎罪日,要在耶和华,你们的神面前赎罪。"停止一切工作,彻底进行斋戒,因为这一天是赎罪之日(希伯来语称 Yom Kippour,即大赦日)。这唯一存在于犹太教的赎罪日不得不引起我们的疑问。Yom Kippour 究竟代表什么? 作为犹太年历中最为神圣的节日,犹太人在这一天通过完全的斋戒,以及各种各样的禁忌活动,祈祷上帝原谅他们在过去一年中所犯下的所有过错。这一仪式从前一天日落一直持续到赎罪日当天日落。在这 25 小时中,犹太教徒祈祷诵经,完全脱离了人日常的生活所需,因为这些需求会阻碍灵魂和身体得到真正的自由。

赎罪日前一天,三名男子以这段奇怪的颂词开始科尼吉晚祷:"以上和下的名义,在我主耶和华赞同,我犹太教区赞同之下,我们请求与违抗者一起进行祈祷。"这段颂词意义为何?与违抗者一起祈祷,这样的做法可能一方面是圣贤们受到黑暗的宗教裁判所时代的启发,在当时中世纪的西班牙受到迫害而被迫改信天主教或伊斯兰教的犹太人(les marranes)曾前来进行秘密的祈祷;另一方面也可能来自赎罪日大批世俗犹太人的传统,在这一天这些已经不信奉犹太教的犹太人通过参加赎罪日的礼拜仪式,做回一天的犹太教徒。一年中再没有任何节日能够唤起犹太人内心深处对本民族和身为犹太人如此强烈的归属感。在赎罪日,众多会众涌入圣城,聚集在犹太会堂,最后以诵读《内拉》(la Neïla)结束祷告。摩西当年于西奈山上接受神的晓谕,而 3000 年后的今天,当看到虔诚的兄弟姐妹依然如此这般受到神的感召时,我们的内心交织着幸福、激动与自豪。

上帝仅在犹太历年中的赎罪日进行的宽恕拥有至高无上的力量。在这名为 Yom Kippour 的节日中,人们通过举行一系列虔诚的崇拜仪式,身体和灵魂达成前所未有的合一,精神境界飞升到未能企及的高度,如当年放逐的以色列人,感受到舍金纳①的存在。上帝在每一年的赎罪日对全体犹太人进行宽恕和赦免,这在犹太人看来是很神圣的仪式;只有完全脱离了现时与现世的俗常,犹太人才能感受到他们身上依然存在的神圣基因。

赎罪仪式不仅代表与世俗的脱离、神圣感,也代表一种特殊性。因为犹太教的宽恕之道与众不同。无论在法语(pardon)还是德语(Vergebung)中,宽恕一词总是带有赠予之意味;而在希伯来语中,宽恕(kapparat)一词的词根 kappar 意为"覆盖",其中毫无"赠予"这一内容,而是取修补、复原、回复、弥补之意。词根 kappar 的三个辅音与 kippér 相同,意为平复、赦罪、消除罪恶。我们通过追寻词源这种方法来理解 kappara 一词有很深的意义,因为从一个词中便可窥见一种思想文化,一种无法磨灭的世界观。我们不妨再深入一些,继续探寻宽恕一词在犹太语和法语中的区别。无须努力,甚至无需要求、无需期待就可获得赠予,而不通过实在的劳作和个人精神的努力就无法得到净化,不通过自身的修复就无法求得弥补。

宽恕在犹太教中是确立人的地位的重要一环。在以色列的历史长河中,无数的犹太人经由各种赎罪仪式寻得了自己

---

① 舍金纳,希伯来语作 Shekhina,即荣耀的上主。——译注

的生命之根。犹太人在赎罪日晚上所获得的神之启示是无可替代的,赎罪仪式不仅是个人的生命体验,而且代表了整个犹太民族的复活。通过忏悔与宽恕,犹太教徒们才能真正进入犹太宗教的世界。伟大的哲学家弗朗兹·罗森茨威格在 20 世纪初皈依基督教前夕,曾有过唯一一次回归上帝的体验(希伯来文作 teshouva,即 retour aux sources,回归上帝)。可以说 Kappara,即实现的宽恕,是不灭的,就神学的概念而言,它不会消失。

仅靠赎罪日上的仪式用语来了解犹太教的宽恕之道是远远不够的。若有人伤害了同胞,上帝——伟大的裁决者,同时也是仁慈的上主,不会站在受害者的立场原谅他。如果不能事先取得受害人的谅解宽恕,那么赎罪日所进行的任何仪式都是毫无意义的。

让我们来仔细研究一下赎罪节的仪式,了解其中那些最为神圣的时刻吧。最引人注目的,首先是这一天闪耀着洁白光芒的犹太堂会(synagogue),存放圣物的圣幕上摆着《旧约》的卷轴,圣桌上覆盖桌布。极为虔诚的犹太教徒们身着丧葬时穿的衣服(sargueness),这也是为了提醒每个人死亡之期。主教身着白色麻衣,在耶路撒冷圣殿内传诵上帝神圣之名。每个人都披着犹太男人们晨祷时的披巾(在一些自由教区内,妇女们也会戴上这种披巾)。当一切就绪后,祭拜仪式正式开始,从前一日晚上到赎罪日当天晚上,超过 12 小时:前一天 2 小时,当天约为 10 小时。仪式极尽庄严肃穆,教徒们几乎一动不动,反复念诵经文,其中包括许多主祭与信徒的对话。在一片祈祷哀求声中,我们感受到受难的灵魂在呜咽、颤抖,直到仁慈怜爱的天主听到众子民的忏悔。

赎罪仪式的特别之处就在于以色列的立法者们通过设立这种仪式,使每一位犹太教徒感受到对自己和他人所担负的责任感和罪恶感;我要对自己的罪行负责,同时,我也要为我的兄弟负责,承担我亦可能犯下的罪恶之责:“以色列子民都对对方负责。”(《誓言书》39a)同时也为全人类负责。在赎罪日,教徒们总要诵经数遍,对罪恶进行忏悔。没有忏悔便无法得到宽恕。教徒们以痛苦的呢喃有节奏地诵吟忏悔之歌:

“我们是背信者,是窃贼,犯下了罪孽;我们曾诽谤中伤他人;我们带给同胞兄弟伤害;我们曾狂傲无礼,凶恶残暴;我们曾罗织谎言,罪恶;我们曾拒绝真理,散播不公;我们曾亵渎神明,不闻不尊你的旨意;我们堕落,不公,叛逆,冷酷;我们曾犯下罪恶;我们曾唆使同胞,犯下罪孽;我们曾入歧途,也引他人入歧途。”接下来,犹太信徒们会念诵一段长长的祷文:“求天主原谅我等所有的错误,宽恕我等所有的恶行,赦免我等所有的冒犯。”

152

列维纳斯曾说："赎罪日的仪礼，以及受它牵制、由它表现的灵魂之情绪，带领人类进入宽恕的状态。"[①]这样一种状态，是人面对上帝，忏悔他所犯下的罪行的状态。然而，宽恕不是奇迹般发生的，它需要一颗真诚忏悔的心方能获得。忏悔若不真诚，便不起作用，正如缺少了弥补的宽恕也无济于事。在犹太新年和赎罪日，教徒们都要进行这样痛苦的，却又承载着人希望的祷告：

　　新年伊始，你来主宰，赎罪之日，你作裁决：这一年，多少事物须待消失，多少事物等待创造；孰生孰死；谁的生命已到尽头，谁的生命还未到尽头。你来指定谁将死于火，水，铁，饥饿，暴雨，疾病；谁将安享生命，谁将动荡不安；谁将安息，谁将不安；谁将欢乐，谁将痛苦；谁将上升，谁将贬黜；谁享有财富，谁忍受贫苦。然而，忏悔，告解和善举[②]将使人摆脱致命的判决。你的光芒与你的名字一样伟大。你的愤怒之火将不再轻易被点燃，你不再需要那罪人以死赎罪，而是希望他迷途知返，继续生活；你将在他的有生之年耐心等待，等待他的皈依，等待他投

---

　　①　《关于塔木德的四次演讲》(Quatre lectures talmudiques)，午夜出版社，1968 年，第 36 页。2005 年修订增补版。

　　②　这三个词在希伯来语中写作：teshouvah，tefilah，tsedakah。

入你的怀抱。①

忏悔(techouvah)、告解(tefilah)、善举(tsedakah)是有过之人手中三样最有力量的武器。拥有了它们,有过之人便能在赎罪日祈求得到宽恕。这是三样不可分开的武器,只有当它们合一时方可达到灵魂忏悔的定境(kavanah)。分析到这里还没有结束,因为忏悔、告解和善举与曾对他人犯下的罪行并无直接关系。忏悔时我们只与自身,也是心中的神发生关系,而要得到他人的谅解与宽恕,则至少需要两个人发生关系,即他人与我,以及与上帝。②

《托拉》告诉我们,代人祈求宽恕也是最早发展出的一种赎罪方式。比如亚伯拉罕替索多姆求情。这种在实际中已不再见到的传统,其关键在于:要代替谁来祈求宽恕,代人祈求宽恕的又是谁。亚伯拉罕祈求上帝饶恕索多姆城,如果他将上帝放弃毁灭这座城池的条件降低为城中仅有一位义人的话,那么谁又能保证索多姆不会被毁灭呢? 反之,有了十位义人,它便不会遭受被毁的命运。这里也没有加入索多姆城里无论怎样都很无辜的孩子。在犹太人集体犯下祭拜金牛犊的

---

① 《艾瑞克·哈特费罗——赎罪日》,前揭。
② Ha-Shem,字面意思为"名字",此处为上帝的委婉语。——译注

罪行之后,摩西扮演起牧羊人的角色,带领以色列民众,恳请祈祷上帝赦免以色列。正如赎罪仪式中所强调的那样,上帝宽恕犹太人与宽恕以色列紧密相连。赎罪仪式所强调的重点并不是对个人之救赎的找寻,对个人得到上帝宽恕的期待,而是对整个犹太民族之救赎的渴求。祈祷得到上帝宽恕的以色列才是一个真正完整的以色列。

我们深切缅怀的"大德者"(Tzaddik)拉夫·海姆·亚阿科夫·罗当贝尔(Rav Haïm Ya'akov Rottenberg),作为欧洲正统犹太教的杰出人物,自 1964 年起到犹太 5751 年(公历1990 年 8 月)新年三周前突然离世为止一直是巴黎帕威路犹太聚居区的大拉比。这里,我必须援引他的一段教诲:"只要犹太人心中拥有作为以色列民族一分子的归属感,那么一切仍有希望。一个人若感到自己是集体的一分子,那么他的罪行便可得宽恕。"在对《大议会书》(90a)进行的阐释中,他补充道:"'整个以色列都有权参与未来的世界',这里没有说所有'犹太人',而是说整个'以色列',意义就在于教导人们拥有作为以色列民族一分子的归属感。"拉夫·罗当贝尔的话语成为使犹太民族留存的不朽教诲。背弃《托拉》,背弃民族的犹太人,以色列上帝也将永远剥夺他获得宽恕的权利。

在圣殿时代,大祭司们在赎罪日代表以色列人民祈求上帝宽恕。如《利未记》(16,17)中所言:"他为自己和本家,以及以色列赎了罪。"赎罪日早晨，大祭司会在耶路撒冷圣殿进行穆礼弗祷告（Moussaf，额外祷告），其中尤为重要的是赎罪祭，大祭司代表以色列全民族取两只公羊，以洗掉以色列百姓的罪。一只献于祭坛，也就是上帝面前；另一只羊则象征背负着以色列人民犯下的罪愆，被驱赶到无人的旷野之中，以带走犹太民族的一切罪孽。这只羊也就是"替罪羊"，与我们现在所理解的词义大相径庭。"替罪羊"本不堕落，而是纯洁的牲畜，背负着所有人的罪孽，帮助净洁以色列民族的罪名。另一只山羊作为献祭之物，象征以色列民族最为纯洁的部分，意在象征灵魂向着上帝的飞升。

"今天啊，遗憾的是我们不再有圣殿，大祭司，祭坛和赎罪祭；我们带着悲哀，缅怀这逝去的荣光。"①在这深渊前，我们深切缅怀的先贤们不断诵读着穆礼弗，重复着大祭司们曾进行的一切仪式。《何西阿书》(14，3)称："我们把嘴唇的祭代替牛犊献上。"

赎罪日的黄昏，当《内拉》祷告结束时，放有《托拉》卷轴的

---

① 《犹太历年大事记》，《传统书》译本，卷 1：《提克利》，巴黎，Keren Hasefer veHalimoud 出版社，1976 年。

圣柜之门随之关闭，上帝宽恕集聚于他面前的子民们因违背其意旨而犯下的罪过。从前一天开始的高度紧张随着全体会众唱诵"以色列啊，你要听"和"我们的父，我们的王"的祈祷而彻底迸发，接下来是科罕尼祭司们（les cohanim）的降福祈祷，他们脱下鞋，走到圣幕旁，以披巾覆盖头部，开始庄严地唱诗。在号角声中，《内拉》祷告结束，赎罪日的祭祀也到此为止。上帝准备离去，如《诗篇》（46,6）所言："神上升，有喊声相送，耶和华上升，有角声相送。"①

上帝宽恕人类对他犯下的罪恶

我们现在来考察人类对上帝犯下的罪恶。翻开《塔木德》之前，我们必须先回到对人的原罪的讨论上。亚当和夏娃触犯了上帝。另外，我们知道，亚当在赎罪日受到审判，仁慈的上帝原谅了他："这是对你子女的信号，你在这一日得到审判与宽恕，你的子女将与你一样，得到审判与宽恕。"我们也许可以设想有一位起身反对原罪概念的圣人，就像卡夫卡所说的那样："原罪，人类犯下的原始的不公，包含在人类的指责当

---

① Téroua 一词意为叹息，啜泣，哭泣，象征号角的低沉。公羊角代表亚伯拉罕在摩利亚山上献给上帝的燔祭公羊，用来代替儿子以撒。

中,人类没有反抗这样的指责,这种指责导致人类遭遇不公,犯下原罪。"①

长久以来,为什么以色列的神被视为残忍、喜欢复仇、冷酷无情、处事不公的代表呢?如果省略了这个先决问题,我们又如何进一步讨论关于犹太教的宽恕呢?因为长久以来,人们总是按照字面意思来解读《托拉》经文,往往缺乏对犹太教古老传统及从拉什(Rachi)这位中世纪法国杰出的犹太裔释经家开始的释经内容的充分了解;释经内容与《托拉》原文是不可分的。现在马上来读一段表面看来体现出上帝不公和没有悲悯之心的经文。《出埃及记》(34,7):"有罪的,必追讨它的罪,自父及子,直到三四代。"那么,拉什是如何打破犹太传统,就这段经文进行阐释的呢?

> 上帝原谅忏悔之人,不原谅不忏悔的人。当儿子们固执于父亲的做法时,他想到了父亲对儿子犯下的过错。另一段文字中实际有详细的解释:恨我的,我必追讨他的罪,自父及子,直到第四代。善的范围以1:500的比例超过了惩罚的范围。在善的范围内,他说:谁向2000人施加恩典。②

---

① 《卡夫卡日记》,格言集,1月—2月,1920年,《卡夫卡全集》,伽利玛出版社,前揭,第496页。
② 拉什评注版《摩西五经》,2,见参考书目。

我们所看到的远不是一个爱复仇的、无情的、不公平的上帝！

谈到宽恕，也就不得不谈到罪孽，谈到邪恶，为此，我们需要仔细分析犹太教文化中罪恶与集体罪恶感之间的关系。对犹太教徒来说，宗教所急需解决的道德问题针对的是该隐之罪，而非亚当与夏娃之罪。这三位主角都犯下罪孽，违逆了上意，而最关键的一场凶杀悲剧竟然发生在两兄弟之间，其中一人杀害了另一位无辜者。

现在，让我们翻开《塔木德·赎罪日书》(85b)，读其中的《密西拿》①：

> 赎罪的祭品与消除我们犯下罪孽的祭品可使我们得到救赎。带着忏悔之心，我们便可在死亡时和赎罪日得到救赎。若是犯下违反肯定戒律或否定戒律的轻罪，忏悔便可得救赎。若是犯下重罪，忏悔将被当作惩罚的方式，直到赎罪日得到救赎。如果有人说：我先犯罪，再忏悔。那么，他将永远不会得到忏悔的机会。若是他说：我先犯罪，赎罪日可让我得救赎。那么，他也永不会在赎罪

_____

① 《密西拿》(2世纪)传于口头的律法集，其中包括63篇论文。《革马拉》(2—6世纪)是对《密西拿》的补充和评注。

日得到救赎。人触犯神的过错在赎罪日可以得到宽恕；人触犯他人的过错得不到原谅，但如果他事先让别人息怒的话，那么，他将在赎罪日获得宽恕。阿扎伊尔之子拉比以利亚撒引用了《利未记》(16,30)的语言："你们要在耶和华面前得以洁净，脱尽一切的罪愆。"人触犯神的错误可以在赎罪日得救赎，但人触犯他人的过错得不到原谅，除非他事先得到他人的宽恕。拉比阿基巴说：幸福降临你啊，以色列！你在谁面前得洁净？谁使你得洁净？是你在天上的父，《以西结书》(36,25)有言："我必用清水洒在你们身上，你们就洁净了。"《耶利米书》(17,13)有言："耶和华是使以色列洁净的活水源泉。神的源泉不但使邪恶人得洁净，也使整个以色列得洁净①。"

以上便是《塔木德》中最基本的关于宽恕的篇章。它虽不是唯一的一篇，但因为其中所提问题的维度甚广，因而成为最重要的一篇。列维纳斯在 50 年前一次犹太学者们关于"宽恕"②问题的讨论会上就《赎罪日书》中的这一篇文字作出过评论。

---

① 此处翻译及随后的翻译是借用《革马拉》卷 2 关于《赎罪日书》章节的内容，由以色列大拉比萨勒泽翻译。

② 《关于塔木德的四次演讲》，前揭。

再回到《密西拿》来:死亡或赎罪日可得救赎……死亡,在犹太教传统中代表邪恶,而赎罪日是犹太历年中最为神圣的日子,这两者却发生了奇异的联系,似乎死亡与赎罪日具有同样的价值,具有同样救赎的效力。如果说死亡可以使所犯的错误得到救赎,那么,这救赎针对的是所有类型的过错呢,还是仅止于触犯上帝的错误? 答案是后者。只因上帝教导我们说:"坟墓不是你的避难所。"①

《密西拿》的讨探更加深入,若无忏悔之心,死亡也无法带来救赎。如果忏悔可以救赎那些违反肯定或否定戒律的、可以补偿的轻罪,那么,带有忏悔之意的死亡,又能救赎哪些罪过呢? 难道不是在触犯人的罪过之外的那些严重的触犯上帝的罪过吗? 在解经书《巴哈塔》(Baraïta②)的启发下,我们不禁要问:什么样的错误需要以忏悔为惩罚?

不被拉比法庭判处死刑的过错,将通过自然的死亡得到救赎。《革马拉》带给我们这样的回答:

> 亵渎我主之名的人,不论是作为惩罚的忏悔,还是赎罪日的祭拜,亦或是完全的考验,都无法使他得救赎。但

---

① Pirque Avot,第 4 章,第 29 节。
② 阿拉米语,意为"外部",即《密西拿》省略遗漏的部分。

这三者(忏悔,赎罪日祭拜,考验)都是作为惩罚,只有死亡才能带来完全的救赎。因此,《以赛亚书》(22,14)说:万军之耶和华亲自默示我说,这罪孽直到你们死,断不得赦免!(《赎罪日书》36a)

如今,当拉比法庭对人之生命再无判决权时,拿什么来替代圣殿时代的赎罪祭礼呢? 立陶宛拉比、塔木德研究者加翁·德·维尔纳(Gaon de Vilna)的追随者海姆·德·沃洛因(Haïm de Volozyne),以其博学与睿智启迪了我们:"一位犯下数罪,被上帝判处死罪的人,若是忏悔,并学习《托拉》、先知书、圣徒传记、《密西拿》、米德拉西、律法书和历代传说的人,难道应该被判死掉一百次吗? 上帝已取消了对他的一切惩罚……"《塔木德》(《新年守岁书》18a)的一段同样启发了我们:"学习《托拉》,甚至可以使那些无法补偿的重罪得到宽恕。正如我们的先贤所强调的,以利知道儿子作孽,却不加阻拦,耶和华因此说:'所以我向以利家起誓说:"以利家的罪孽,虽献祭奉礼物,永不能得赎去。"(《撒母耳记》3,14)然而,祭奉贡品虽无法得救赎,学习《托拉》却可得救赎。"[1](《新年守岁书》18a)

---

[1] 《生命的灵魂》,巴黎,韦尔迪耶出版社,1986年。

犹太教从不劝省酉时的工人；相反，犹太教义反复强调的是遵守上帝所要求的比完成上帝没有要求的更加值得称颂。

拉什就《利未记》有这样一段米德拉西式的经典论述："王在他所召唤的劳工之中找到了一位长久以来忠心服侍他的人；在发放工饷时，王对他说：'子啊，你的工作值得受到特别的重视，那些劳作少的人，容我少花些时间，先付给他们报酬。我要留出充裕的时间，解决予你的酬劳。'"[1]这里有两种解读的方法，一种取字面之意，希伯来语里面叫作 pchat，强调义人的绝对唯一，他的功劳大于晚来的义人们。因为对《托拉》持之以恒、夜以继日的努力研习毋庸置疑要难于在回归上帝的激动中体会到忠诚。另一种解读是取象征之意，即 drach，意在暗示以色列是上帝最忠诚的、最古老的，也因此成为最早听到并接受了神之启示的劳工。

---

① 拉比注释版《摩西五经》。《利未记》，3，法文版翻译由埃利·蒙克主持编写，S. et O. Lévy 基金会，1981 年，第 203 页。

2

人触犯邻人的过错

第一宗谋杀及复仇

该隐在杀死自己的弟弟亚伯后,他听到上帝神圣的声音:"你兄弟亚伯在哪里?"该隐回答:"我不知道! 我岂是看守我兄弟的吗?"耶和华说:"你做了什么事呢? 你兄弟的血有声音从地里向我哀告!"①

亚伯虽已死去,他的血,更确切地说是他们的血(按照拉什的解释),即亚伯和他的子孙们的血,却没有随之逝去,而是从地里发出声音。这让人回想起《塔木德·大议

---

① 《创世记》4,9—10,前揭,第27页。

会书》(37a①)中有句格言:"凡有人毁掉以色列一条生命,就当他毁掉了整个世界,凡有人挽救以色列一条生命,就当他挽救了全世界。"血的声音,不就是人的灵魂之音吗? 该隐没有感受到自己身为弟弟守护人这一角色的分量。他之所以杀死亚伯,是没有聆听耶和华立下的诫命——"不可杀人",还是他不承认仁慈的上帝会更中意弟弟所献上的祭品呢?

愧疚之意从未在他的良心中打开缺口。据米德拉西(Midrash,犹太教的一种口头释经文学,用来解释托拉)中一段所述:耶和华问该隐:"你兄弟亚伯在哪里?"该隐给出的回答是:"是我杀害了他;但却是你在我身上创造出丑恶的本性。作为亚伯的守护者,你却将杀害他的动因给了我。杀人的真是本来的我吗? 你才是凶手,因为你是唯一拥有本真的'我'。"

这段叙述将一切过错的责任推向上帝一边,但人不能以此为借口获取自由(不得不说这是言过其实的借口)。在《圣经》中,上帝之所以伟大,就在于他创造出了能反驳他,甚至控

---

① 《巴比伦塔木德阿加多特书》,韦尔迪耶出版社,1982 年。迈蒙尼德赋予这段教诲以普世的价值:"唯一一人被创造,是为带来这样的启示:若一个人曾使世界上一颗灵魂死去,那么《圣经》将怪罪于他,仿佛他使全世界都死去;但若一个人使世界上唯一的一颗灵魂保存于世,《圣经》将归功于他,仿佛他拯救了整个世界。"

诉他的人。在伊斯兰教中，人们完全无法接受这种对上帝的放肆行为，而这恰恰显示出上帝与以色列子民的特殊关系，看看以色列以长子为人对神之担保的传统，就可以理解这种关系的特殊性了。

将人一切的邪恶归咎于造物主（我们暂且不提以犹太大屠杀为代表的大灾祸），这是将人完全还原为傀儡。这种认识一是简单地理解了罪恶，二是突出了人面对罪恶时的无力感，还与《托拉》的内容相悖：人需要在善恶及生死之间做出抉择。该隐从他犯下的罪恶中顿悟过来，说道："我的罪孽太重，过于我所能当的（希伯来原文：Gadol avoni minso）。"拉什以疑问来理解它："你承受了在上的世界与在下的世界，却无法承受我这份罪恶吗？"该隐说："我的罪孽太重，过于我所能当的"，事实上不就在说："我犯下了无法被原谅的罪孽"吗？

若耶和华承受了这罪过，他也会宽恕这罪过。然而，他会承受这罪过吗？《托拉》给出的答案是否定的："现在，你必从这地受诅咒，地开了口，从你手里接受你兄弟的血！你种地，地不再给你效力，你必流离飘荡在地上。"通过这段集中探讨罪恶与良知的文字，我们找到了罪恶感与责任感的起源。如果说亚当与夏娃的过错已得到上帝的宽恕，那么该隐犯下的罪行只能从受害者本人——弟弟亚伯处求得谅解。按照犹太教对经文的传统阐释，亚伯并没有原谅该隐。

一个死去的生命,不能靠替代式的复仇或宽恕,而要靠带着人性与自由光芒的正义来得到弥补。犹太智者们反复强调一点:严格从个人角度出发,宽恕与复仇是对立的。《塔木德·经卷书》(Megillah, 28a)中说:"放弃复仇的人会看到,自己所有的罪恶都被宽恕,因为《弥迦书》有言:'神赦免罪孽,饶恕罪过'(7, 18)。神赦免谁的罪孽呢? 赦免那些遗忘他人罪过的人的罪孽。"下面这段引自《撒母耳记下》第21章中的内容是《塔木德·婚姻书》(Yébamot)中明确提出并探讨的问题,伊曼纽尔·列维纳斯也就此写过一篇精彩的评论。大卫试图弥补扫罗对基遍人犯下的罪孽,他说:"我能为你们做些什么,你们向主敬献何物,以继承真神之志?"他又说:"你们想要什么? 我将应许你们。"基遍人对大卫王说:"请将消灭我们,将我们赶出以色列土地那人的七个儿子交给我们,我们将把他们吊在上帝面前,就在那扫罗——上帝选民的丘陵之上!"[1]大卫交出了七个儿子,却唯独放过了约拿单的儿子也就是扫罗的孙子——米非波设。基遍人将其他几个儿子吊在山上,上帝面前,七个儿子于是都死去了。

　　这段文字的意义不正是:"不可因子杀父,也不可因父杀

————————

　　① 《巴比伦塔木德阿加多特书》,前揭,艾尔卡姆-萨特翻译,《婚姻书》79a。参见《关于塔木德的四次演讲》,前揭,第57—58页。

子。"(《申命记》24,16)拉比希雅·本·阿巴(Hiya ben Abba)以约拿单(R. Johanan)的名义说："宁肯取消《托拉》中的一个字,也不可公开亵渎我神之名。"大卫拒绝解救扫罗的七个儿子,而使他们因为其父的缘故被吊死在山上,这怎么会被理解为是对神明的亵渎呢？这种复仇,基遍人通过大卫实施的复仇,不正是对神之馈赠的赞颂吗？神是否接受这样的赞颂呢？《塔木德》的长老们对这个答案似乎并不关心,他们改变了问题:如果基遍人确实没有听到西奈山十诫,尤其是其中"不可杀人"一条,那么他们在死时将不会受到惩罚。正如对我们的大师而言,杀人者不可不受惩罚的事实超越了对神明的亵渎！这段骇人听闻的评论如今听来意味着:以色列王甚至可以篡改《托拉》中的圣谕,以使对以色列土地上的外来者犯下的罪恶不会不受到惩罚。

在圣殿时代,只有犹太大公会(由23或71位成员组成)有权判处他人死刑,但前提是至少有两位犯罪目击者,同时让他们有时间告知犯罪者他被判处死刑。《塔木德·鞭挞书》(Makkot,7a)告诉我们:公会每七年判处一例死刑。这被认为是残酷的。拉比伊利札·本·阿扎利亚(Éléazar b. Azaria)甚至认为:每60年判处一例死刑的公会已算残酷。塔朋(Tarphoun)和阿基巴(Akiba)两位拉比认为:一旦加入公会,则应永久不判处他人死刑。现代以色列国没有建立死刑制度。

其中唯一的例外是对阿道夫·艾希曼(纳粹德国高官,犹太人大屠杀中执行"最终解决方案"的主要负责者)执行的死刑。

宽恕的方式

"人触犯上帝的过错在赎罪日得到了宽恕;而触犯他人的过错则得不到宽恕,除非他先平息他人的怨气,以求得谅解……""赎罪日是为人洗清罪恶,得到上帝的宽恕而存在的,人若是触犯他人,在赎罪日便无法得到宽恕,除非先得到他人的宽恕。[①]"

这段讨论宽恕的基本文字其实是拉比伊利札·本·阿扎利亚对《利未记》(16,30)经文的阐释:"你们要在耶和华面前得以洁净,脱尽一切的罪愆。"在被基督教价值观打上深深烙印的文明之中,这段文字显得与众不同,它不同于任何我们所接受的关于宽恕的观点。

通过阅读《塔木德·赎罪日书》中的这些文字,也许一些人会得出这样的结论:上帝是出于冷漠才不代替受害者来宽恕罪人。正好相反,任何对邻人的冒犯都是对上帝的冒犯。

---

① 《赎罪日书》85b。列维纳斯在《关于塔木德的四次演讲》中翻译了引文的开头,我们翻译了引文的结尾。

众所周知,在犹太教传统中,耶和华真正的敌人永远都是以色列的敌人。我们可以通过两个大胆的、惊人的例子来证实这一点。一方面,造物主没有权力宽恕人对邻人犯下的罪行!另一方面,不论是其他人或者神,都无法作为替代者宽恕触犯人的罪行。面对人对同胞犯下的罪恶,上帝亦无能为力。宽恕的超越性只有通过社会的内在性才能实现。真是对上帝极端的讽刺!

神就这样赋予人以宽恕的权利,这是昔日约柜上的金板(希伯来文中写作 kaporet,与前面看过的 kippour 和 kappara 为同源词)和后来的赎罪日都无法包含的内容。在米德拉西中谈到关于"带给以色列宽恕"①的约柜(从摩西时代一直到建立耶路撒冷圣殿,它一直是圣物中的圣物)时,其内容也只涉及以色列民族触犯上帝的过错。《赎罪日书》中一篇重要的《革马拉》(Guemara,对塔木德中密西拿的注解)认为,触犯人的过错完全可以由赎罪日的忏悔得到宽恕,内容如下:"拉比尤瑟夫·巴尔·哈夫反驳拉比阿巴乌:赎罪日的忏悔难道竟无法救赎人对同胞犯下的罪吗? 而赎罪日书原文中写的却是:'如果一个人对他人犯下了罪,埃洛因(神)便会帮助他!'"②

---

① 《塔乎玛米特拉斯》,引自《生命的灵魂》,前揭,第 240 页。
② 《赎罪日书》87a,《圣经·撒母耳记》2,25。

神在这里的名称是埃洛因（Elohim，《圣经》中用于形容神的第一个称谓），"人若得罪耶和华，谁能为他祈求呢？"拉比阿巴乌的回答是："如果一个人伤害他人，又得到了他人的宽恕，那么上帝也会宽恕这个人。若一个人得罪上帝，谁会代他（向上帝）祈求呢？唯有忏悔之心和善举善行。"[①]

这不就在说明，若对他人犯罪，即便有忏悔的心和善举善行也无济于事吗？如果我伤害的那个人不原谅我，即使在新年和赎罪日之间进行忏悔（techouvah）、告解（tefilah）和善举（tsedakah）这三项最虔诚的仪式以弥补罪行也无济于事。假如我试图获得他人的宽恕，而又遭到拒绝时该如何呢？拉比约瑟的回答是："向邻人请求宽恕无须超过三次。"他的回答源自《圣经》中（《创世记》50，17）父亲雅各去世时，哥哥们对约瑟的乞求："父亲吩咐说，从前你哥哥们恶待你，求你饶恕他们的过犯和罪恶。如今求你饶恕你父亲、神之仆人的过犯。"

但是，另一个更重要的问题出现了：如果受害人在此期间死去了又该如何呢？"害人者须召集十名男子，带领他们前往受害人墓前，要说：我对以色列埃洛因（神）和此处埋葬的人犯下了罪过。"但是受害人又能如何呢？难道死去的人还拥有原谅他人的可能吗？又有谁可能代替他行使宽恕害人者的权利

[①] 《赎罪日书》，同上。

呢？在《圣经·申命记》神秘的一章中，我们读到："在耶和华神所赐你为业的土地上，若遇见被杀的人倒在田野，不知道是谁杀的"……哪城离被杀的人最近，哪城的长老就要从牛群中取一只牛犊，祷告说："我们的手未曾流这人的血，我们的眼也未曾看见这事。耶和华啊，求你赦免你所救赎的以色列民，不要使流无辜血的罪在你的百姓以色列中间！"[①]

由此说来，耶路撒冷法庭在以色列最高法院的准许下，对纳粹军官艾希曼施行的死刑判决与《托拉》及《塔木德》所沿袭的以色列传统相比真是一个例外吗？事实上，《塔木德》中与犹太公会审判及刑罚相关的一条律法规定，死刑必须由公会23位成员一致通过，否则不能执行，并且执行死刑的同时必须宣告被告人无罪。为什么对执行死刑的一致通过不是可以而是必须提出异议呢？因为这样的一致通过值得被质疑，一旦所有法官判决犯人死刑，代表着公会失去了上帝的仁慈之心。法官们成为残酷而非正义的代表。必须有一位拉比阿基巴或拉比塔朋的门徒，以上帝仁慈之心的捍卫者的身份出现，行使宽恕之道。只有在这种条件下，一旦大多数的法官判决死刑，才成为严格意义上的正义。而艾希曼不符合这一普遍原则，因为他的罪恶是极端例外的情形，无法被宽恕。他的初

---

① 《申命记》21, 1—8。

172

审被提交至上诉法院,这是一切都无法阻止的。再回到可以使用这一原则的一般情形上来,拉什讲:"加入客观的言语针对一位应受死刑处罚的人的判决与人们主观所想的如出一辙,那么也就没有正义可言了。"①这一经典的思想意在说明:如果正义失去了客观的判决与法官主观上的仁慈二者的结合,那么正义是不可能存在的。

身处一个时时刻刻可能发生宽恕的世界,那宽恕会不会因此而贬值呢? 有一些他人的、众生的痛苦,是怎样的宽恕都无法减轻的。我没有犯下罪行,但罪恶感却时时存在,我该得到怎样的宽恕呢? 难道没有一种宽恕也无法减轻的罪恶感吗? 有没有这样一种宽恕,能够救赎我无意间犯下的罪过,从而达成我未能达成的善举? 如此多的问题摆在我们面前。

我们触犯上帝时,就要在赎罪日向上帝道歉。然而当我们触犯他人时……这里引用列维纳斯的几句话,它恰到好处地概括了前面我们所讨论的内容,也引出了下面要讲到的内容——作为"他者"的上帝:

衡量我们所知的宽度。我还等待着神的仁慈,不知

---

① 拉什就《申命记》(21,1—8)的注解,法国大拉比吉尔·贝尔汉姆口头翻译。

我的罪孽已得原谅！上帝是完美的他者，是唯一的、终极的他者。上帝与我的约定由我掌握，宽恕的武器在我手中。而邻人、兄弟、人，绝对低于终极上帝的他者，在一定意义上，却是上帝也无法比肩的他者……①

作为以色列的"他者"的上帝

我们从犹太教的角度出发探讨了人与人及人与造物主之间的宽恕关系后，需要从另一个角度切入进行分析，即人向上帝献祭的情形。这是犹太经典中人与上帝关系的典型表现。我们是否可以设想这样一种可能，当全能的上帝以不公对待人间、人，尤其是以色列时，也在寻求谅解？犹太教德高望重的拉比们也提出过这个看似有亵渎神明之嫌的问题。自《塔木德》开始，拉比们都是从这个角度对《托拉》的众多章节进行解读的。然而，被以色列的子民们认为是唯一救世主的仁慈的上帝，怎么会犯下不公之罪呢？《民数记》第 28 章第 15 节的内容是最好的证明：以色列子民每隔一段时间都必须向耶和华献上燔祭，尤其是在每月朔的时候。在燔祭和必须的祭品之外，还要："一只公山羊为赎罪祭，献给耶和华；要献在常

---

① 《关于塔木德的四次演讲》，前揭，第 36 页。

献的燔祭和同献的祭奠之外。"

对这段话的解读完全需要《拉什》和《塔木德》中所谓的"必要注释"。忽略了这段话的读者将错过《托拉》中独一无二的一句诗。这是拉什对《塔木德》所作的一次演讲:"耶和华说:'为了我,你们赎罪,这赎罪将使月亮失去光彩。'"①

如何理解其中之意?以其教导而闻名的智者——拉比希蒙·本·帕兹(Shimon ben pazi)发现了《创世记》中两段相悖的诗:"神造了两个大光"(1,16),紧接着,"大的管昼,小的管夜"。他解释说,当日月被创造出来时,月亮对上帝说:"主啊,可有两王戴一冠的事?"上帝回答说:"那你做小的那个王吧!"当上帝发现月亮的不满时,他命令(总是对以色列子民!):"向我献祭!"列维纳斯在关于《犹太教与倒空自我》②的一篇经典文章中,曾就"以永恒之名,献上一只山羊作为祭奠"一句这样分析:"这段文字本身没有问题,问题出在希伯来文字的模糊性上,'向耶和华的赎罪'也可以解读为'为了耶和华而赎罪',这样一来,似乎是神犯下了错误,需要牺牲一只替罪羊。献上的羊是为了赎上帝之罪!"

---

① 《巴比伦塔木德阿加多特书》,前揭,《胡林书》60b。
② 《各民族的时代》,前揭,第135页。

教外之人必定会对这种思想的逻辑感到不可思议,但这种不容辩驳的逻辑何尝不具有重要的教导意义呢? 16个世纪以来,阐释《托拉》的圣哲们的思想从未出现任何偏差,它们一直作为犹太民族的精神养料而存在,如果缺少了这些思想,犹太教也不会留存至今。在以色列人犯下祭拜金牛犊的罪后,耶和华想要将他们灭绝,摩西的恳求才使神平息了怒气。因此我们可以在《圣经》中多个地方找到同样的一句表达:"耶和华后悔,不把所说的祸降于他的百姓。"

　　在讨论犹太大屠杀的问题之前,需要引用从《长久的隐喻:大屠杀批判》①中摘录的乔治·斯坦纳的一句话:"大屠杀可以被解读为是犹太民族为了上帝而死,他们扛下上帝的冷漠、不在场和无力感,承受这难以置信的罪恶感。"斯坦纳早已明白,这样一种大胆尝试的假设所涉及的问题将丝毫不再是人类对所犯罪行进行的某种补赎。相反,它将带来疯狂、纯粹的仇恨和无法弥补的罪恶。这样的痛苦不再是一般殉难者们的痛苦:历史铭记的无数为信仰而亡的殉难者将承受一种别样的痛苦,这些人为了挽救他们的生命可以放弃自己的信仰,这是不信教的犹太人或犹太改宗者所无法做到的。

---

　　① 《时代的文字》,14/15,午夜出版社,1987年。

哈希德主义①，作为犹太教的神秘主义教派，起源于18世纪末的中欧，由贝施特等人建立。这一教派尤其赞同将上帝宽恕人与人宽恕上帝联系起来的观点。埃利·威塞尔②在《哈希德颂歌》③中写道："赎罪节是双向的。"他还转述了哈希德教派最具名望的圣哲——贝尔地齐夫的拉比列维-伊特扎克（Levi-Yitzhak de Berditchev）的话："今日为审判日。如大卫在诗篇中所言。今日，众生立于你面前，等待你的审判。但是，我，贝尔地齐夫的列维-伊特扎克，萨拉之子，要大声说你才是该被审判之人！你要受到因你而受苦、死去的子孙的审判，以圣化你的名节、你的律法和你的诺言！"

上帝归于邪恶……不仅是人类会触犯上帝，得到他的救赎与宽恕，上帝面对他创造的人，也会犯下不公的错误，需要人付出牺牲，为他赎罪。埃利·威塞尔在《远处的黄昏》中通过一位自诩为上帝的疯子的话语道出："我是上帝，因为我有

---

① 哈希德主义，是从正统拉比犹太教分离出来的神秘主义教派，它在信仰的实践中宣扬灵魂的不合理性，主张接近大众的、反精英的、自发的律法，这为无法从书上学习法律，无法在教堂学习的人提供了通向法律的道路，即不通过礼仪和传统拉比的教诲，直接与神交流。——译注

② 埃利·威塞尔（Elie Wiesel），大屠杀文学最具代表性的作家之一，1986年诺贝尔和平奖得主，20世纪下半叶德国重要思想家与和平活动家。——译注

③ Points Sagesses丛书，瑟伊出版社，1972年，第116—119页。

罪,我的罪比所有人的罪加起来都大。"[①]我们可以把这当作是对《卡拉马佐夫兄弟》[②]中俄罗斯隐修士斯塔兹·佐西姆那句经典名言的呼应、回答,或者说是疑问,列维纳斯也常常引用这句名言:"在众人面前,我对一切事物和人都有罪,比其他任何人都有罪。"人与上帝,究竟谁的罪更大呢? 宽恕因这罪恶感的无处不在而显得无力,何种宽恕才能抵消这超越了一切补赎、一切悔过的罪恶感呢?

---

① 格拉塞出版社,1988 年,第 187 页。
② 七星文库,伽利玛出版社,1952 年,第 310 页。

3
犹太大屠杀与不可宽恕者

可以宽恕不可宽恕者吗？

长久以来，每当我想要深入思考何为宽恕时，都无法绕过可怕的犹太大屠杀的问题。这个问题缠绕包围着我们。但是怎样来提出这个问题呢？又怎能不提这个问题？问题的实质在于内心深处的、集体的忏悔，而非那不可能的犹太式的宽恕。宽恕，意味着与受害者的身份做切割，意味着接受放弃不可愈合的创伤，或者至少是不可愈合的精神方面的创伤。请求宽恕是困难的，因为它需要受到伤害的对方忘记自爱，做出牺牲，愿意宽恕他人的罪恶，救赎他人。宽恕者必须能够将伤害自己的罪恶转化为自己可以驾驭的罪恶。如前所述，每一位犹太人,除了拉比,都应当原谅一切以真挚之心祈求他原谅的人,不能超过三次地拒绝对方。

对于人原谅他人对自己犯下的过错这一点,我们的讨论未免草率。《密西拿》中清楚地说:"赎罪日的赎罪内容不包括人对同胞犯下的罪孽,除非他先取得对方的宽恕。"①这里最重要的字眼是"赎罪",没有缺少了赎罪的宽恕。请求宽恕,首先是进行忏悔,渴望自己能够远离犯下的罪恶。这是第一步。第二步是取得他人的谅解,第三步才是赎罪。但是,《密西拿》的这段文字难道就仅仅是写给犹太人看,仅仅适用于犹太人吗?其中所提到的赎罪原则难道不具有普适性吗?

西蒙·维森塔尔在《太阳花》②中讲述了一件奇事。这位犹太俘虏被关押在罗乌(Lwow)的加诺夫斯卡(Janovska)集中营。有一天,他被送往一间由高等技术学院改造过来的纳粹军队医院,原因是党卫军中的一名士兵在弥留之际请求护士为他带来一位犹太人。西蒙·维森塔尔就这样偶然被选中,这位士兵的病房正是以前高等技术学院院长的办公室,维森塔尔自己也正是在这里学习建筑学的。生命垂危的纳粹士

---

① 《赎罪日书》,前揭。

② 斯托克,1969 年;新版由阿尔班·米歇尔出版社出版,"自由空间"丛书,2004 年,其中增补了包括奥斯维辛集中营幸存者西蒙娜·维尔等的悲惨见证。

兵希望在一位陌生的犹太人面前忏悔自己的罪过。被纽伦堡反犹法判处死刑的犹太人在这充满奇幻色彩的时空背景下遇到了一名纳粹士兵，倾听了后者恐怖的独白。他们彼此都看不见对方的面容，因为士兵的脸被绷带所缠绕。这难道不是所有战争中独一无二的情景吗？

年轻的士兵向西蒙·维森塔尔从头到尾讲述了自己的故事，维森塔尔越听他讲述党卫军犯下的可怕罪行，越感到不安和痛苦。这位士兵在加入希特勒青年团之前，一直是名天主教徒。西蒙·维森塔尔在战后见到了士兵的母亲，她对自己儿子犯下的罪行毫不知情，反而对西蒙说："卡尔肯定没犯任何罪。他是个那么善良的孩子。"

这一幕发生在俄国第涅伯佩特罗斯克（Dniepropetrovsk）的小村庄：

大约有 150 到 200 个孩子，眼睛睁得大大的，看着我们。极少数的几个在无声地啜泣。有的母亲怀中还抱着婴儿，几乎没有成年男子，尽是上了年纪的衰老妇人。

走得再近一些的时候，我看清了他们眼中的表情。那是一种恐惧。一种无法形容的恐惧。他们应该知道等待自己的将是什么……来了一辆装有油罐的货车。有人命令我们当中的几个把油罐卸下来，堆放在隔壁房子的门前。

最强壮的犹太人再把它们搬到上一层去。接着,我们把犹太人们赶到那间屋子里去。

　　故事讲到这里,西蒙·维森塔尔已经想要离开了。但是卡尔恳请他留下来。

　　当看到一切就绪的信号后,我们退后几步,拔出榴弹,从没有玻璃的窗户投进去。接着是一声接一声的巨响……哦,我的上帝啊!
　　我们听到了哭喊,看到火焰在一层接一层地吞噬房子……我们端起枪,准备扫射那些想要逃离这座魔窟的人们……房子里传出恐怖的惨叫……

　　弥留的士兵像是重新回到了当时的恐惧中,浑身颤抖,维森塔尔接着说:“我注意到,他在集中全身最后一丝气力,想要讲完这个残忍的故事。”后来,当维森塔尔又一次想离开时,卡尔再次请求他留下来,把故事听完。

　　从二楼打开的窗户那里,我看到一名男子抱着个孩童。男子的衣服燃烧着火焰,旁边有个女人。肯定是孩子的母亲。男子另一只空着的手捂住孩子的眼睛,接着抱起孩子跳到了外面的路上。几秒钟过后,孩子的母亲也跟着跳了下来。在其他几扇窗户那里,又有几具燃烧的躯体往下跳……我们开枪了……哦,上帝啊!

士兵用手紧紧抱住缠有绷带的头,不想重温那些画面。

我不知道有多少人宁肯从窗户跳下来,也不愿在房间里被烧死,其中有一个家庭,我永远也不会忘记——尤其是那家的孩子。他长着黑色的头发,黑色的眼睛……

这场集体屠杀后的几天,卡尔在前线被一枚炮弹炸伤,手术后,他说:

痛苦越来越难以承受,我的全身满是镇静剂的针眼。对于我所犯下的罪行,我已接受惩罚。折磨我的不仅仅是我的肉体上的痛苦,更是脑中不断想起的那间燃烧着大火的房子。

士兵卡尔又说了几句话,绝望地等待他可耻的罪行得到救赎:

请相信我,我已做好准备,忍受更多、更长的痛苦,希望第涅伯佩特罗斯克的事件从没有发生过。我在这里，我的罪行该遭天谴……在我生命的尽头，你在我身旁。我虽然不知道你是谁，只知道你是个犹太人。但已足够。

这段忏悔用尽了他最后的力气。德国士兵向着西蒙·维森塔尔祷告：

"我知道，我对你讲述的故事是残酷的。在我等待死亡降临的时日中，我整日忧心忡忡，渴望着有一位犹太人能够聆听我的故事，原谅我的过错。我只是不知道是否还有活下来的犹太人。

我知道，我向你奢求过多。但若得不到你的回答，我无法瞑目安息。"

两个陌生人，却在命运的安排下相遇，度过了几个小时。其中一人需要另一人的帮助，而事实上，这是另一人也无能为力的。

我起身，望向他的方向，看到他合起的双手，内中折射出一缕阳光。

我意已决。我将在沉默中离开。

西蒙·维森塔尔的整个故事都紧紧围绕着罪恶的问题，或许我们可以称其为"形而上的恶"。希望这样的叫法不是弄巧成拙，反而赋予"最终解决方案"的空想家们以形而上的力量。黑头发、黑眼睛的小男孩，他那张从未见过的脸象征遭到毁灭的150万犹太儿童。西蒙所做的，正是任何一个怀揣良知、理性、责任感的人都会去做的，他想到的是所有的死难者，而不仅仅是自己。他完成了力所能及的一切，余下的应该交给所有犹太死难者完成。这只犹太人的手，也许是卡尔所握的最后一只手……他是唯一一个听到党卫军士兵临死前忏悔的犹太人。面对请求宽恕的罪者，他做了自己能做的一切。他以沉默回应，沉默，而非否决。

宽恕与遗忘

　　西蒙·维森塔尔在《太阳花》的第二部分加入了许多名人或普通人关于这个故事的反应和回答，比如普里莫·莱维①、莱奥波尔德·塞达·桑戈尔②、勒内·卡森③，还有联邦德国

---

　　① 普里莫·莱维(Primo Levi)，犹太裔意大利化学家。——译注

　　② 莱奥波尔德·塞达·桑戈尔(Léopold Sédar Senghor, 1906—)，塞内加尔首任总统，塞内加尔社会党总书记和非洲社会党国际书记，著名社会活动家，非洲社会主义倡导者和代表人物之一。——译注

　　③ 勒内·卡森(René Cassin)，法国法学家，国际法教授，法兰西学院院士，1968年获得诺贝尔和平奖，在抗击法西斯侵略、保卫世界和平的伟大斗争中做出了卓越贡献。——译注

前主席古斯塔夫·海涅曼(1899—1976),他是为数不多的认为西蒙与士兵母亲的见面与他之前和士兵的见面具有同样重要意义的人。

完成了整个故事的叙述和补充的访问之后,西蒙·维森塔尔在最后写了这样一句话:"我不敢剥夺这位不幸的妇人唯一剩下的东西:对儿子善良慷慨之品性的坚信不疑。"西门觉得自己有义务去做的一件事是:不要割断一位母亲最后的希望,破坏她对儿子卡尔最后的回忆。

古斯塔夫·海涅曼在受访的结尾说:"你的故事贯穿着正义(包括法律)与仁慈的冲突。正义或律法虽然珍贵,但若失去仁慈,它们也就不存在了。这是耶稣带来的,也是耶稣所完成的。"然而,耶稣是否已经特殊到可以更改摩西所建立的律法? 如果上帝都不能宽恕人对邻人犯下的罪行——"罪行"这个词在这里又是多么地微不足道! ——耶稣又以谁的名义宽恕他人? 事实上,耶稣并未这样做,他只说:"亵渎圣灵,总不得赦免。"(《马太福音》12,31)对犹太人进行的种族灭绝,不是完全在亵渎圣灵吗?

雅克·马里坦①的话语促成了犹太教徒与基督教徒的和

---

① 雅克·马里坦(Jacques Maritain,1882—1973),新托马斯主义代表人物。——译注

解:"我只能原谅你对我犯下的罪行。你对他人犯下了可耻的罪行,我怎能以他们的名义宽恕你?你犯下了人性不可原谅的罪。但以你主的名义,我原谅你!"马丁·尼莫拉[1],作为黑森·纳叟地区的新教会会长和新教抵制纳粹运动的创立者,他的回答更接近犹太教的传统。他对西蒙·维斯塔尔写道:

> 我,一名基督徒——或仅仅是还在尝试做名真正的基督徒——面对将一颗受尽折磨的灵魂坦呈于我面前的同胞,只能对他说:"你对我犯下了罪行,现在又来忏悔这些罪行,我宽恕你的罪行,因为宽恕了它,我才得自由。而你若对他人,对我的同胞造成伤害,即使那伤害也触及到我,你还是需要得到他们或绝对有权获得你的道歉的那些人的宽恕,而非我的宽恕。"

然而,问题的关键在于,古斯塔夫·海涅曼针对西蒙·维森塔尔故事所做的评论,其重点放在了正义与律法上,他认为这二者是与仁慈背道而驰的。再没有比这更错误的想法了,这不就等于提供了一个预设,死难者不需要正义,不需要律法?必须超越它们才能宽恕杀人的刽子手?而在1949年联

---

① 马丁·尼莫拉(Martin Niemöller),德国新教牧师。——译注

邦德国废除死刑前,西德法庭上的纳粹战犯没有一个被真正处以死刑不也是出于这个原因？站在受害者的位置上考虑,这真是种奇怪的仁慈。我们仔细想一想,这种宽恕是否真的符合基督教义？《圣经》中哪里写道:你要站在受害者和殉难者立场宽恕他人？忏悔的刽子手难道不需要来到受害者的面前了吗？问题又重新出现在我们面前:比起死难的犹太人,纳粹难道受到更多的重视吗？这不是受害者的宗教,而是忏悔的罪人的宗教。列维纳斯在阅读了《塔木德》中关于宽恕的内容①后说:"我想,撰写《塔木德》的先贤们会反对这些为邪恶地狱开放权利的行为。不论怀着怎样仁慈的心,都要永远为希特勒和他的追随者们准备一席。如果没有为邪恶而准备的地狱,那么世间的一切都会是没有意义的。"

　　根据基督教教义,有罪之人如果没有从良心上觉悟到自己的过错,那么从主观上说,他是无罪的。而犹太教教义则与此不同,《塔木德・赎罪日书》中说,即便我们没有犯罪的意图,我们也都是生来有罪的,因此都需要得到救赎。这里再引入两段对西蒙・维斯塔尔所提问题的回答。德国女作家路易斯・林泽尔是一位基督徒,熟悉德国的盖世太保监狱,她向西蒙提出了一个难以承受的问题:"你是否从你的民族那里接受

---

① 《关于塔木德的四次演讲》,前揭,第185页。

了不宽恕他人的权利？没有。也许，你所做的违背了死难者们的意愿。我希望他们能给你可减轻罪行的情节，因为个中的情况确实太复杂了。"这个判决不是极不公正吗？在与德国士兵见面后的晚上，维斯塔尔把自己内心深处对待行将死去的纳粹士兵的态度和想法告诉了与自己最为亲近的难友们。其中一位名叫乔赛克的虔诚的犹太教徒对他说：

> 当你向我们讲述你与党卫军士兵见面的情形时，我很怕你禁不住，就此宽恕了他。未经当事人同意，你无权代替他们这样做。如果愿意的话，你可以原谅或遗忘纳粹对你个人犯下的罪恶。你只能对自己的情形负责。相信我，你代替他人的痛苦，这是大罪。

这位乔赛克后来死在了一枚子弹下，因为他太虚弱了，站都站不起来，他与路易斯看待罪恶与宽恕的角度不同。如果乔赛克读了德国女心理学家下面的这句话，他也许会感到"颤栗"："我颤栗，因为我想到你就这样任凭一位心怀忏悔的年轻人死去，而不发一言。"他死去了，被杀害了，但他却不希望有人站出来，感到自己有权以他的名义宽恕他人。

谁能够在自己的意识中体会到他者、受害者、死难者的痛苦呢？这便是犹太大屠杀中一道解不开的难题。是的，除了弥赛亚，或者先知以利亚，弥赛亚的先驱、犹太教的骄傲，还有谁能解决这个问题呢？但为什么不能是上帝本身呢？当我询问埃利·威赛尔，弥赛亚是否能够承受大屠杀这样残酷的浩劫，这样超越了人性所能包容的极限以及其他一切政治迫害的苦难时，他对我说："弥赛亚的到来，并不意味着他一定会对这巨大的、无法辩解的苦难做出回答。我们没有以苦难作为宗教的基础，以苦难作为宗教的基础，就是要使苦难合理化。我们没有这样做的权利。"[①]

就此，我们有必要做一补充。红衣主教让-马里·吕斯蒂杰（Jean-Marie Lustiger, 1926—2007）在谈到犹太大屠杀中死去的犹太人时，如列维纳斯所言，他甚至怀着极大的意愿思考那些无论如何不受推崇的东西："我认为这在一定意义上是弥赛亚的痛苦。但只有上帝能如是说，非我所能。终有一天，那些迫害犹太人的人们会承认多亏了他们（犹太人），我们才得救赎。"我们忽然看到犹太人的苦难与耶稣的苦难等同起来，融合在了一起。这种带有救赎意义的受难丝毫不涉及"行将死去者的绝望或疑虑"[②]。他们的痛苦和对死亡的焦虑是默默的。他们承受的苦难将成为刽子手们救赎的必要条件。这

---

① 《罪恶与放逐，十年之后》，新西岱出版社，1999年，第260—262页。
② 参见《耻辱的罪恶，向上帝提出的问题》，前揭。

真是奇妙的转折，在这里，宽恕，或者更准确地说是救赎，刽子手们的救赎要归功于受害者，尽管这并非后者的本意。这样一来，在屈辱中死去的他们还是受害者吗？他们死后却救赎了一项罪恶，尽管这是他们生前并未寻找和设想的，而这种救赎将他们引向一种无尽的精神遗弃，使他们找不到宗教教义上的依托，使他们的经历失去意义，使他们失去了任何希望，最终也失去了任何可能的宽恕。犹太教中没有可替代的宽恕，也就没有可替代的救赎。这样的情形几乎不可能出现：被杀害的人做出必要的让步，原谅那些杀害他们却没有亲自前来请求谅解的人。与其他人类暴行下的牺牲者相比，奥斯维辛集中营和犹太大屠杀的死难者难道不是一个另类吗？在柬埔寨大屠杀和卢旺达大屠杀之后，我们怎能不想起犹太大屠杀？

犹太大屠杀的幸存者告诉我们，这项罪行完完全全是不可弥补的，它是一切愤怒的情绪都无法表达的，也超越了一切个人的宽恕。当然，德国总统或是总理可以向以色列国——这个犹太民族整体性及政治和历史的不可分割性的代表请求宽恕。但以色列国仅能以幸存者的名义而非以死难者的名义接受道歉。这项国与国之间进行的道歉与宽恕首先在一定意义上消除了大屠杀执行者的后代的罪恶感，同时也是对《托拉》教诲的力行实践：孩子不承担父母的罪过。正如我只能就我所承受的苦难进行宽恕，我也只能宽恕那个对我犯下错误的人。其中不存在任何的替代人。宽恕不论在何种情况下都不能以替代的方式进行。换言之，如果受害人与刽子手都还幸存，那么受害人只能原谅那个向他请求宽恕的刽子手。

宽恕永远发生在两人之间：一方缺席，都会使宽恕无法进行。在遗忘的深处，我们猛然听到弗拉基米尔·扬科列维奇(Vladimir Jankélévitch)的呼喊："主啊，不要原谅他们，因为他们知晓自己做了什么。"再来引用他的《无时效论》①中的观点，他提醒那些意欲将宽恕与遗忘混淆起来的人们："今天，诡辩家们让我们遗忘，我们必须想想那些无土安息的死难者，以及再也不会回来的孩子们的苦痛。这苦痛将持续到世界末日。"②

这就是为什么在这些地方修建天主教祭祀建筑时，总会产生两个问题，一是害怕丢失了犹太大屠杀中的特殊印记，二是害怕这种替代默默不语的幽灵们的救赎只会导致没有缘由的，甚至荒唐的宽恕，直至遗忘。列维纳斯有言："毫无根据的宽恕总是来自一个不明就里的无辜者。"③

犹太教在全世界这种不可或缺的地位，来自于它在几千

---

① 瑟伊出版社，1986年，第43页。
② 《无时效论》，前揭，第62—63页。
③ 《彼岸诗篇》(L'Au-delà du verset)，午夜出版社，1982年，第128页。

年的发展史中,为人类所带来的诸多财富,也因为它带来了一种几乎独一无二的思想——在进行宽恕的两者之间还需加入一个被排除在外的第三方,不要忘记了这个第三方——他仅仅是不在场,或者死去了,被杀害了……这样的宽恕才成为与正义不可分割的同伴,才不会导致有人遭到遗弃。若失去了这一点,宽恕便失去了真谛,而仅仅是"毫无价值的安慰和放弃了痛苦的怜悯"①。

---

① 《固有之名》(*Noms propre*),口袋书,Biblio-essais 丛书,第 21 页。

附录1

犹太人与欧洲文化

[法]单士宏 著

赵 鸣 译

在这里要感谢我的朋友罗国祥教授,让我有机会连续三年来到武汉大学讲学。

首先我想列举五个重要的人物来引出要讲的主题:亚伯拉罕、耶稣、马克思、弗洛伊德和爱因斯坦! 摩西的名字也应该加进去。他们中的每一位都代表着完美和绝对。其中有三位诞生于中东,也就是埃及和今天的巴勒斯坦或以色列之间的那片土地,另外三人来自于德国和奥地利。他们的共同点在哪里呢? 他们都有犹太血统,并且在世界的发展史上留下了不可磨灭的印记。很显然,亚伯拉罕是希伯来人,即犹太民族的祖先,但他同时也被21亿基督徒和12.8亿穆斯林教徒奉为远祖,也就是说,今天世界上活着的人当中(这个数字大约是 66.71 亿),有一半以上都认为自己是亚伯拉罕的后人。20 亿人敬奉基督教的救世主拿撒勒的耶稣为圣子,而自 19 世纪以来,极少人能够做到像马克思、弗洛伊德、爱因斯坦那样,掀起人类进程的风暴。马克思带来了社会主义革命。弗洛伊德开创了心理分析学。爱因斯坦在发现狭义相对论和广义相对论的基础上,动摇了现代物理学的基础,那就是:空间不是像传统物理学家所认为的那样仅存在三维,还有第四维,即时间。

这六个人中的三人极大地改变了世界的进程:摩西于西奈山领十诫,耶稣山上宝训,马克思提出无产阶级革命。弗洛伊德和爱因斯坦则变革了人类与世界的关系。

这个世界上最小的民族之一,在两千年的发展中,没有最终建立起国家,也就决定了没有统一的国家历史。法国大革命才为犹太人带来了法律上的解放(获得公民权),黑格尔曾认为等待犹太人的只有灭亡。对这位德国哲学家而言,犹太人没有继续生存下去的可能。此外,没有历史,也就意味着犹太人没有形成真正意义上的一个民族,自 17 世纪以来,这个没有家园和历史的民族向世界证明了同化决不代表消亡,并且他们将在 18 世纪以后的欧洲史上保有一席之地。令人感到好奇的是,这个深深影响了欧洲历史的民族却是近 2000 年来,尤其是在中世纪之后最深受迫害的民族。

15 世纪以来欧洲的犹太人

从中世纪开始到纳粹实行罪恶的种族灭绝政策的 20 世纪,这 1500 年间,犹太人在欧洲几乎不断地受到迫害、驱逐、圈禁隔离、强迫改教和宗教审查,然而却又表现出强大的生命力。在一次次地被迫害、屠杀、放逐之后,他们总能在欧洲之外的其他地方东山再起,并且成为那里社会经济、精神、文化和政治生活不可或缺的一分子。犹太人总是在各地组成小社群,其中的成员活跃、坚韧而极富才能:处处显示出新生。在世界范围内,从欧洲中世纪以来,或许还没有一个民族像这样受到过如此严重的迫害,却还能在异域占据如此重要的地位。

古犹太教,也就是现代基督教的前身,在中世纪进入了现代发展阶段。在这一时期,犹太籍的哲学家和神学家的著作得到重视,基督会的神学家们也开始研究犹太法典——《塔木德》,后来这部书在法国几位国王当政时期,如查理九世时遭到焚毁。现代犹太教直到 18 世纪才诞生,这个世纪被称为"哈斯卡拉时代",也就是法国大革命所说的"启蒙时代"。

欧洲犹太人分为两大群体:德系犹太人(主要在法国北部和德国)以及西班牙、葡萄牙系犹太人。从 12 世纪到 15 世纪(西班牙系犹太人在 1492 年遭到驱逐),随着不断的迁徙,犹太群体两派之间的分裂也就越明显。逃离西班牙的犹太人流散到欧洲南部其他国家和中东的奥斯曼帝国(伊斯兰教起源于6世纪)。其他的北上到达法国、荷兰、奥匈帝国、波兰,直至俄国。

15个世纪中,得以使犹太人生活、存在下来的精神归属所在,是一部叫做《塔木德》的法典以及与之相连的思想体系。中世纪的七八百年间,欧洲的犹太人中诞生了伟大的哲学家、诗人和圣经研究者,其中最有名的应该是哲学家迈蒙尼德。他出生于12世纪下半叶的西班牙,后来到了埃及,其著作涉及天文、医学,还有用阿拉伯文写成的大量专论。

迈蒙尼德的杰作《迷途指津》点拨了与他同时代的犹太人,他们受困于亚里士多德哲学与犹太塔木德教义表层的冲突相悖。

迈蒙尼德是亚里士多德哲学思想的传承者。他提出了反对神秘主义而建立上帝中心说的哲学理论。

711年,穆斯林入侵占领西班牙,促成了接下来几个世纪中伊斯兰教、犹太教和基督教互相之间的频繁交流。最繁荣的时期要算是7—8世纪,即倭马亚王朝统治时期,我们称其为"黄金时代"。这一时期的犹太学者和阿拉伯学者在科学、艺术、哲学等关乎大众的学科方面展开了紧密的往来合作。

现代主义的犹太人

这一主题由于涉及面太广,以至于不知该从何讲起。犹太民族在这一时期成为欧洲所有民族中的佼佼者,却又在最近的一百年中经历了惨痛的悲剧——600万犹太人遭到纳粹杀害。

尼采,这位同时反对犹太教和基督教的哲学家,在其《善恶的彼岸》一书中这样写道:"犹太人为欧洲带来了什么?许多东西,有好有坏,有最完美的也有最糟糕的:伟大的道德风范,精益求精带来的敬畏与庄严,所有精神层面的问题能使人感受到的浪漫与崇高,然后通过这些吸引人的、精微的启蒙邀我们走进生活,从而使欧洲文明的天空放射出最耀眼的光芒。身为这个文明舞台上的一员的艺术家和哲人,我们将这一切归功于犹太人,感谢他们。"

19世纪末,一位名叫阿尔弗雷德·德雷福斯的犹太籍军官被卷入一场冤案,在法国激起了长达15年的争论,直到为德雷福斯平反昭雪。在这一几乎引发内战的事件发生后,一位奥地利的犹太籍记者西奥多·赫茨尔面对世界宣称犹太人必须尽快在巴勒斯坦建立一个自治国家。

最近200年中的犹太名人大部分都来自于日耳曼语国

家:捷克斯洛伐克,奥地利,德国。而在其他国家,如法国、英国、匈牙利、波兰、瑞士和俄国,也有大量的犹太人为欧洲文化做出了重要贡献。

让我们来回顾一下最近两百年中的关键人物:

布拉格:卡夫卡

维也纳:马勒,弗洛伊德,斯蒂芬·茨威格,西奥多·赫茨尔……

德国:爱因斯坦,阿多诺,本雅明,勋伯格,伯格,汉娜·阿伦特……

俄国:巴比尔,夏加尔,瓦西里·格罗斯曼,帕斯金,帕斯捷尔纳克……

法国:普鲁斯特,柏格森,苏蒂纳,莫迪里阿尼,达里于斯·米约,罗曼·加里,凯索,埃马纽埃尔·列维纳斯……

近代犹太人,远至胡塞尔、柏格森,近到阿伦特、列维纳斯,一直走在思想和哲学领域的前端。

从赫尔曼·柯亨到列维纳斯,19世纪末至20世纪的犹太哲学经历了怎样的发展轨迹?我们先将重点放在其中一个人物柯亨身上,罗森茨威格曾惊叹于他的先知先觉。柯亨的思想在于回到犹太教本源,号召人们拒绝接受虚无主义的消极预言说。作为倡导犹太文化与日耳曼文化融合共生的代表,柯亨尽管在自己的《犹太教本源的理性信仰》一书中不幸陷入了错误，然而，他又同时提出回到《摩西五经》的观点，同时像斯宾诺莎在其《神学政治论》中那样，加入自己哲学和神学方面的思考评论，从而为犹太哲学揭开了崭新的一页。柯亨在书中还阐述了一个重要的概念——即人与上帝的关系，并由此概念出发，得出这种关系是建立在相互性基础上的结论。罗森茨威格代表了古典哲学的终结，与先驱尼采等一起奠定了现代哲学的基础，这种新的哲学紧紧围绕着上帝与人的三段关系展开：造物、启示和救赎。而布伯和索勒姆强调"重返以色列"这一相关观念（所有人类问题的范例）正是对人与上帝关系的回答。政治一直为德国犹太思想家们所激烈讨论，尤其体现在索勒姆、本雅明、布伯和布洛赫的时代，他们提出了重返迦南（今巴勒斯坦）和犹太人被放逐的问题。

100年后的21世纪初，我们明显发现在柯亨和布洛赫之间，以及列维纳斯、本雅明和索勒姆在对于卡夫卡神秘主义的问题上，还有施特劳斯和罗森茨威格之间，有趋同，也有大的分歧。这些大师在其著作中与柏拉图、亚里士多德、迈蒙尼德、斯宾诺莎、黑格尔以及康德展开讨论。布洛赫不断地与黑格尔和康德进行辩驳，提出了"希望的原理"。这位与列维纳斯同时代的、略晚于罗森茨威格的马克思主义哲学家从未忘记过自己是犹太人的事实，于是在论战中引入了末世学的观点，起初康德似乎占据上风，因为他的思想为"人类的希望不会湮灭于世界的客观性之中"开辟了道路,后来法国哲学家皮埃尔·布里茨在其杰作《未来的见证者,哲学与救世主降临说》中明确表达了这一点(伽利玛出版社,2003年,第587页)。然而有一种批判的观点称康德的天才思想根本不反对"救世主降临说",然而也没有能够对造物和在痛苦中希望得到拯救的人类之间深不可测的鸿沟提出解决的办法。犹太思想和古典哲学难解的对峙也是如此。

从迈蒙尼德算起,还从来没有犹太哲学家和思想家像柯亨和列维纳斯这样,在辨证学和形而上学领域达到早他们2500年的东方思辨家们的高度,为哲学注入新的活力,使其能够在未来的发展中独树一帜。面对康德的三大哲学反思:我能知道什么(知识论)?我应该做些什么(道德论)?我可以希望什么(宗教学)?现代派的犹太杰出思想家们,也是未来的见证者,在著述中解答了他们所目睹、经历的一切,而这些是其他哲学家们没有见到和经历过的。每一种观点都承载着对人类无限的希望,正如列维纳斯在《无法预料的历史》中所言:"正因为没有可以信赖依靠的神,所以希望在人。"

罗伯特·雷德克给予了犹太哲学家这样充分积极而又不失中肯的评价:"在人类陷入苦恼的晦暗时代里,他们在不自觉中捍卫了欧洲文化,成为欧洲最高精神的象征。我们甚至可以这样说,有了他们,欧洲文化才得以逃过极权制和僵化主义带来的灾难。"

哲人们做到的,犹太的音乐家、作家、物理学家和生物学家也都做到了。

在 20 世纪里,有多少犹太人曾代表了欧洲最伟大、崇高的精神?

附录 2

卢梭、卡夫卡、列维纳斯与羞耻观①

[法]单士宏 著

龙 云 译

　　从卢梭到列维纳斯,正如从启蒙运动到 20 世纪,或者历史上最大的种族屠杀——二战期间,有 600 万犹太人被清洗——一样遥远。首先,我想谈谈王夫之、卢梭和列维纳斯眼中的他者问题。其次,我将讨论卢梭及其羞耻观。最后,第三部分将围绕卡夫卡和普里莫·莱维展开,同时要分析列维纳斯的立场,梳理他与卢梭主观性羞耻观决裂的元伦理学羞耻观。

　　王夫之(1619—1692),世称船山先生,他生活的时代与帕斯卡(1623—1662)、笛卡尔(1596—1650)及其他几位人文大

----

　　①　2012 年 9 月 6 日在北京法国文化中心的演讲。

师的时代部分重叠。王夫之曾如是说:

> 如无善恶之法则,亦无取舍之规矩,人则与禽兽无异,饥则吼吼,饱则弃食。[①]

在一定意义上,王夫之的思想可谓介于卢梭和列维纳斯之间。对他来说,没有绝对与自在的存在,因此伦理的基础是相互性原则,没有相互性,任何文明和民族也就不可能延传。我们都了解卢梭的基本论断:"人生来是善良的,是社会腐蚀了他。"孟子的观点与卢梭比较接近,但他生活在公元前 4 世纪。

他给出了一个与苏格拉底的某些案例同样名闻遐迩的案例。这就是孺子落井的故事。"今人乍见孺子将入于井,皆有怵惕恻隐之心,非所以内交于孺子之父母也,非所以要誉于乡党朋友也,非恶其声而然也。"

在列维纳斯看来,人并非天生善良,甚至恰恰是其反面。对于孟子和卢梭来说,完全是同样的性善吗? 我们可以说而且必须说的是,列维纳斯与他们不同,他先在祖国经历过立陶

[①] 谢和耐,《物之理——王夫之(1619—1692)哲学论》,哲学书库,伽利玛出版社,2005 年,第 388 页。此处文字系译者自译。

宛 1917 年布尔什维克革命,后来又在法国经历过 1940 年后对犹太人的迫害、流放、屠杀,20 世纪是一个愤怒、疯狂、仇恨和系统屠杀的世纪,这是一个史无前例的世纪。如此可怕的仇恨,甚至让人类都感觉到羞耻。在某些行为面前所体会到的羞耻感,卢梭也与大家毫无二致,但是,他自身的羞耻感不过是一种个人的羞耻感。布拉格德语奇幻作家卡夫卡之于羞耻的关系与卢梭不同,这是一种难以承受的强烈的羞耻感,我将在后文谈及。但是,对于亚伦·芬凯尔克劳特来说,萨特比列维纳斯更算是"伟大的羞耻现象学家"。我们这里只是从与羞耻的关系来讨论卢梭、卡夫卡和列维纳斯。

显然,卢梭的羞耻观念与卡夫卡、列维纳斯和萨特的羞耻观念之间没有任何共同点。如果芬凯尔克劳特谈及了卢梭的羞耻感,这不过是为了更好地凸显他们之间的鸿沟。在《忏悔录》中,卢梭将羞耻感与偷绣带的事实联系起来,因为这事情,他还让共事的厨娘饱受谴责。

> 我怕丢脸甚于怕死亡,甚于怕犯罪,甚于怕世界上的一切。不可战胜的羞耻心战胜了一切;羞耻是造成我的无耻的唯一原因。[1]

---

① 《忏悔录》,Folio 丛书,伽利玛出版社,1995 年,第 127 页。

在最初的叙述基础上,卢梭又加了下面的文字:

> 如果罗克先生把我单独叫到一边,对我说:"不要陷害这个可怜的姑娘,如果是你做错了的话,就老老实实告诉我吧。"我一定会立刻跪到他的脚下。但是,正当我需要鼓励的时候,人们却一味地恫吓我。(128)

在《忏悔录》第三卷开始的地方,卢梭一直纠结于自己的错误,他如是写道:"羞耻是恶意识的伴侣,随着年岁而来;它加剧了我天生的羞涩感,以至于不可救药。"(129)

我们面对的焦点不是本体论,而是本质上的羞耻感,这里所体会到的羞耻感与强加给牺牲品的羞耻感不可同日而语。但是,这种羞耻感让卢梭非常害怕,但是让别人来替罪却似乎并不碍事,让无辜的厨娘受到牵连,唯一的借口与考虑无非就是如果他本人毫不回避,其结果断然是难堪的耻辱。在了解无辜受害者不公命运的同时,卢梭有如麻木不仁一般。他想让自己躲过公开的耻辱,可是不依旧承受着私下的耻辱吗,而且有时候这种感觉还更加难以排遣?

在《孤独散步者的遐思》中,他讲述了发生在德毕内侯爵夫妇家的一段插曲。时间是 1787 年。

当时正好赶上一个集市,有些绅士竟然放下自己的架子去和农家姑娘跳舞,但那些富人们却不肯这样做。当时的集市上有人卖黑麦饼,于是,有个年轻的绅士就买了一些,然后把饼扔到看热闹的人群里。霎时,那些老百姓都来争抢,整个场地都乱做一团,你拥我挤,拳脚相加。那些观看这场混乱的绅士们对此非常满意,于是都来模仿,但见黑麦饼漫天飞舞,场面更加混乱了,姑娘和小伙们都在跑个不停,挤在一起,这乱纷纷的景象让大家看得异常激动。我夹在这群绅士中间,也不得不看着,却有一种糟糕的羞耻感漫上心头。①

这一次,卢梭已经改变了语气。他为身边人感受到一种糟糕的羞耻感,他们的作乐全然不顾农家姑娘,这种糟糕的羞耻感似乎让卢梭挥之不去。在《新爱洛绮丝》中,他又通过朱莉之口旧话重提:"这人克服了坏榜样的诱惑,那人为身世不济而羞愧,因为羞耻而变得厚颜无耻,这种糟糕的羞耻感腐蚀了更多诚实的心灵,而非坏的意向。"②

列维纳斯难道没有看到,也没有理解这种近乎伦理的含

---

① Folio丛书,伽利玛出版社,1972年,第160页。
② 《新爱洛绮丝》,第二卷,七星文库,伽利玛出版社,1964年,第300页。

义吗？在这里，卢梭直指曾经滋养他的失去的天堂的清白名声。在年轻时代的作品《论逃遁》中，列维纳斯可以说："没有人比卢梭或者拜伦更加骄傲，谁也不能比他们更加自我满足。这种基于自我满足的自我观念是布尔乔亚精神及其哲学的关键标志之一。小布尔乔亚身上的这种自我满足感，同样滋养了让人担心和无耻的资本主义的大胆梦想。"①

大家都清楚"理想的人类"②和"卢梭的无邪教理"③，按照羞耻感尤其是这种"糟糕的羞耻感"来重新阅读卢梭，如果继续强调《社会契约论》之父的骄傲，这是否恰当呢？

当然，卢梭的羞耻感与列维纳斯的羞耻观相距甚远。在讨论列维纳斯之前，我们认为，卡夫卡是与 20 世纪文学、思想中的羞耻观形成最彻底和最激烈反差的人物。

卡夫卡与普里莫·莱维

卡夫卡出生在布拉格，是讲德语的犹太人，41 岁时，他在默默无闻中去世，但是他留下的小说却可以纳入西方 20 世纪

---

① 随笔书系，口袋书，LGF，1998 年，第 91—92 页。

② 列维纳斯，《俘虏手册》，《全集》第 1 卷，格拉塞出版社，2009 年，第 275 页。

③ 亚伦·芬凯尔克劳特，第 286 页。

尤其是两次世界大战之间最经典的三四部文学作品之列。

看看《审判》最后一行文字:约瑟夫·K 在一片空地上被执行死刑,没有审判,没有罪行,一名刽子手抓住他的脖子,另一人将刀刺进他的心脏。卡夫卡就这样结束小说:"就像狗一样!"他说,"虽死而羞耻心犹存。"(I, p. 466)

德语和法语版一样,《审判》的最后一个词都是"犹存"。是这种羞耻感在 K 死后犹存吗?难道不是面对不公死亡的反叛? 我不想在这里赘言,只想引用作家普里莫·莱维的言辞,他是职业化学家,也是从奥斯维辛纳粹集中营幸存下来的感人至深的作家,他以证人的"可怕权威",在为《审判》写的前言中,在一段近乎遗嘱般的文字里,对小说的结尾部分作了评论。

这是让人窒息的一页。我,奥斯维辛的幸存者,我永远也不会这样写:肯定无能为力,没有足够的想象,但也是因为在卡夫卡不了解或者没有勇气拒绝的死亡面前的廉耻感。

最后一句话(虽死而羞耻心犹存)非常有名,也被点评了无数次,它就像墓碑一样给全书画上了句号。这句话,我丝毫不觉得费解。约瑟夫·K 决定一直斗争到死,在书中的每个转折点,他都宣称自己无罪,他因为什么而羞耻呢？他为存在而羞耻，他不应该继续存在：当一切都已经失去的时候，他找不到力气来自我裁决，两名差役找上门来。但是，在这种羞耻中，我感觉到我所了解的另一种元素：在末日来临之际，约瑟夫·K感觉到了羞耻，因为存在着这个神秘而腐朽的法庭，并且渗透了周遭的环境，狱卒和那些骚扰画家蒂托雷利的早早染上坏毛病的小女孩都属于这个环境。最后，这是一个粗鲁的法庭，而不是神圣的法庭：它是人构成的，是人造就的，约瑟夫已经中了刀，他感觉到一种成其为人的羞耻。①

在德语中，Scham 一词兼具羞耻和耻辱的意思，就像 das Schloss 同时有锁和城堡之意，das Prozess 既是审判，也是程序。总之，卡夫卡作品的模糊性或者模棱两可，加上翻译的含混，这里的意义也就更加晦涩。翻译本雅明《随笔》的莫里斯·德·冈迪亚克除外。

"虽死而耻辱犹存。"这是《审判》的最后一句话。这

---

① 普里莫·莱维，《镜子制造者》，安德烈·莫热译，巴黎，随笔文库，LGF，2001年，第125页。

种耻辱符合卡夫卡"基本的纯净感觉",这是他最强烈的态度。但是,它有两个不同的面。作为人的内心反应,耻辱也是一种严苛的社会反映。耻辱不仅仅是面对他人的耻辱,也是面对自我的耻辱。因此,比起生活及其规范的思想来,卡夫卡的耻辱更加个人化。[1]

在法语中,很少用耻辱一词去翻译德文词 Scham,更多用的是羞耻。中文是什么呢?

在普里莫·莱维和瓦尔特·本雅明前后相距五十年谈论卡夫卡的这段文字之后,我们脚下铺开了什么鸿沟?

列维纳斯的羞耻观

现在,我们开始讨论列维纳斯,我们从《整体与无限》出发讨论他的基础性概念:无限,他者。哲学家赋予羞耻观以强势和权威的一页,为了与卢梭相区别,这个观念具有了另一个维度的意义。"无尊严性(……),自我非道德性的首要意识不是我从属于事实,而是从属于他人,从属于无限。"随后是宛如晴

---

[1] 瓦尔特·本雅明,《随笔》第 1 卷,巴黎,德诺艾尔出版社,"沉思书系",1983 年,第 192 页。

空霹雳的话语:"能够为自身感到羞耻的自由是真理的基础（因此,真理并非从真理推导而出）。"[①]在同一页,列维纳斯九次使用了"羞耻"一词。这个如此沉重、负有罪恶感,准确地说负有无限责任的名词的主语是什么呢？正如在卢梭那里一样,列维纳斯羞耻观的主语是我,但是这个词却指向他者的宾格,或者说限定他者的构成代词指向了我的宾格。人之于他者而羞耻。为了他者,面对他者,人感觉到自我的羞耻,因为我们没有满足其期待,没有达到我们宾格化的高度。卢梭很清楚,因为我的自由,我在不经意间自然地迫害了他者。我的责任,我的人质条件,是否能够保证作为身边人的他者在任何时候都不承受我的行为的羞耻呢？因为,哲学家的羞耻与那种让我直面他人且颜面扫地的平常羞耻大相径庭。在同一页,他还写道:"羞耻不是意识和清晰的结构,而是朝向相反的方向。其主体是外在于我的。"

在这里,羞耻是由我看到的他者的被动性或者愤怒而激发的,就像我的自由——不要说我的"生存的努力"——将其连接了起来,不管我或者他是否愿意。

但是,卢梭就此止步吗？他只证明这个吗？我们知道,不是这样。诚然,他梦想一个不会被社会腐蚀的理想的人类,或

---

① 《整体与无限:论外在性》,随笔书库,口袋书,LGF,第 82 页。

者一个理想的人,但是,此外依旧存在这种形而上的底子,在言说着既隐秘又昭然的羞耻——就像色情一样。

现在,我们应该感谢芬凯尔克劳特领悟了这种并存,这种衔接点,这种不可能的可能性,这种忘记善、忘记恶的渐近线,最后带给他者以耻辱,在这里,《社会契约论》遭遇了列维纳斯的《他人人文主义》。

美国哲学家奥尔福德在关于列维纳斯和英国哲学家艾丽丝·默多克的文章《作为出口的伦理?》中,也希望将卢梭和列维纳斯加以对比。他写道:"卢梭关于早期文明的自恋性的夸张,男人女人互相利用,却又不承认彼此的依赖性,不承认彼此对对方的需求,这一点与列维纳斯有点相似。毁掉这种理性状态的不是产权,而是互相的依赖性。"①奥尔福德引用列维纳斯的话说:"在愉悦中,我绝对是为了自我。"

我们明白,奥尔福德在讨论列维纳斯时参照卢梭,这并不是无缘由的,也不是偶然的,恰恰相反,这种参照非常恰当。在卢梭的所有著作的深处,在这种自恋性的批评里,作者就像芬凯尔克劳特或者我们自己一样,因为羞耻那咄咄逼人的存在而惶惑不安。

---

① 奥尔福德,《列维纳斯和艾丽丝·默多克:作为出口的伦理学?》载《哲学与文学》,26(2002),第24—42页。参见"列维纳斯网页"。

"轻与重"文丛（已出）

01 脆弱的幸福　　　　[法]茨维坦·托多罗夫 著　　　孙伟红 译

02 启蒙的精神　　　　[法]茨维坦·托多罗夫 著　　　马利红 译

03 日常生活颂歌　　　[法]茨维坦·托多罗夫 著　　　曹丹红 译

04 爱的多重奏　　　　[法]阿兰·巴迪欧 著　　　　　邓　刚 译

05 镜中的忧郁　　　　[瑞士]让·斯塔罗宾斯基 著　　郭宏安 译

06 古罗马的性与权力　[法]保罗·韦纳 著　　　　　　谢　强 译

07 梦想的权利　　　　[法]加斯东·巴什拉 著

　　　　　　　　　　　　　　　　　　　　　　杜小真　顾嘉琛 译

08 审美资本主义　　　[法]奥利维耶·阿苏利 著　　　黄　琰 译

09 个体的颂歌　　　　[法]茨维坦·托多罗夫 著　　　苗　馨 译

10 当爱冲昏头　　　　[德]H·柯依瑟尔　E·舒拉克 著

　　　　　　　　　　　　　　　　　　　　　　　　张存华 译

11 简单的思想　　　　[法]热拉尔·马瑟 著　　　　　黄　蓓 译

12 论移情问题　　　　[德]艾迪特·施泰因 著　　　　张浩军 译

13 重返风景　　　　　[法]卡特琳·古特 著　　　　　黄金菊 译

14 狄德罗与卢梭　　　[英]玛丽安·霍布森 著　　　　胡振明 译

15 走向绝对　　　　　[法]茨维坦·托多罗夫 著　　　朱　静 译

16 古希腊人是否相信他们的神话

　　　　　　　　［法］保罗·韦纳 著　　　　　　张 垚 译

17 图像的生与死　［法］雷吉斯·德布雷 著

　　　　　　　　　　　　　　黄迅余　黄建华 译

18 自由的创造与理性的象征

　　　　　　　　［瑞士］让·斯塔罗宾斯基 著

　　　　　　　　　　　　　　张 亘　夏 燕 译

19 伊西斯的面纱　［法］皮埃尔·阿多 著　　　张卜天 译

20 欲望的眩晕　　［法］奥利维耶·普里奥尔 著　方尔平 译

21 谁，在我呼喊时　［法］克洛德·穆沙 著　　李金佳 译

22 普鲁斯特的空间　［比利时］乔治·普莱 著　张新木 译

23 存在的遗骸　　［意大利］圣地亚哥·扎巴拉 著

　　　　　　　　　　　　吴闻仪　吴晓番　刘梁剑 译

24 艺术家的责任　［法］让·克莱尔 著

　　　　　　　　　　　　　　赵苓岑　曹丹红 译

25 僭越的感觉/欲望之书

　　　　　　　　［法］白兰达·卡诺纳 著　　　袁筱一 译

26 极限体验与书写　［法］菲利浦·索莱尔斯 著　唐 珍 译

27 探求自由的古希腊　［法］雅克利娜·德·罗米伊 著

　　　　　　　　　　　　　　　　　　　张 垚 译

28 别忘记生活　　［法］皮埃尔·阿多 著　　　孙圣英 译

图书在版编目(CIP)数据

列维纳斯:与神圣性的对话 / (法)单士宏著;姜丹丹,赵鸣,张引弘译.
--上海:华东师范大学出版社,2018
("轻与重"文丛)

ISBN 978 - 7 - 5675 - 7207 - 2

Ⅰ.①列… Ⅱ.①单…②姜…③赵…④张… Ⅲ.①列维纳斯(Levinas,
Emmanuel 1905—1995)—哲学思想—思想评论 Ⅳ.①B565.59

中国版本图书馆 CIP 数据核字(2017)第 278520 号

华东师范大学出版社六点分社

企划人 倪为国

轻与重文丛

列维纳斯:与神圣性的对话

主　　编　姜丹丹　何乏笔
著　者　(法)单士宏
译　　者　姜丹丹　赵　鸣　张引弘
责任编辑　高建红
封面设计　姚　荣

出版发行　华东师范大学出版社
社　　址　上海市中山北路 3663 号　邮编　200062
网　　址　www. ecnupress. com. cn
电　　话　021 - 60821666　行政传真　021 - 62572105
客服电话　021 - 62865537
门市(邮购)电话　021 - 62869887
地　　址　上海市中山北路 3663 号华东师范大学校内先锋路口
网　　店　http://hdsdcbs. tmall. com

印刷者　上海中华商务联合印刷有限公司
开　　本　787×1092　1/32
印　　张　7.375
字　　数　95 千字
版　　次　2018 年 1 月第 1 版
印　　次　2018 年 1 月第 1 次
书　　号　ISBN 978 - 7 - 5675 - 7207 - 2/B・1100
定　　价　58.00 元

出版人　王　焰

(如发现本版图书有印订质量问题,请寄回本社客服中心调换或电话 021 - 62865537 联系)

Entretiens avec Emmanuel Levinas 1983—1994
By Michaël de Saint-Cheron
Copyright © Librairie Générale Française 2006 et 2010
Published by arrangement with Librairie Generale Francaise
Simplified Chinese Translation Copyright © 2017 by East China Normal University Press Ltd.
ALL RIGHTS RESERVED.
上海市版权局著作权合同登记　图字:09 - 2013 - 205 号